AUTORES:

JOSÉ MARÍA CAÑIZARES MÁRQUEZ
CARMEN CARBONERO CELIS

COLECCIÓN OPOSICIONES MAGISTERIO: EDUCACIÓN FÍSICA

MÉTODOS DE ENSEÑANZA EN EDUCACIÓN FÍSICA:
ADECUACIÓN A LOS PRINCIPIOS METODOLÓGICOS DE LA EDUCACIÓN PRIMARIA.
(VOLUMEN 23)

WANCEULEN
EDITORIAL DEPORTIVA

COLECCIÓN OPOSICIONES MAGISTERIO: EDUCACIÓN FÍSICA

VOLUMEN 23.

MÉTODOS DE ENSEÑANZA EN EDUCACIÓN FÍSICA. ADECUACIÓN A LOS PRINCIPIOS METODOLÓGICOS DE LA EDUCACIÓN PRIMARIA.

AUTORES

José Mª Cañizares Márquez

- Catedrático de Educación Física
- Tutor del Módulo del Practicum del Master de Secundaria
- Especialista en preparación de opositores
- Autor de numerosas obras sobre Educación y Preparación Física

Carmen Carbonero Celis

- D. E. A. en Instituciones Educativas
- Licenciada en Pedagogía
- Maestra de Primaria y Secundaria en centros de Educación Compensatoria
- Didacta presencial del Módulo de Pedagogía General en el CAP
- Profesora de Pedagogía Terapéutica en Centro Educación Primaria

Título: MÉTODOS DE ENSEÑANZA EN EDUCACIÓN FÍSICA. ADECUACIÓN A LOS PRINCIPIOS METODOLÓGICOS DE LA EDUCACIÓN PRIMARIA.

Autores: José Mª Cañizares Márquez y Carmen Carbonero Celis

Editorial: WANCEULEN EDITORIAL DEPORTIVA, S.L.

C/ Cristo del Desamparo y Abandono, 56   41006 SEVILLA

Dirección web: www.wanceulen.com

I.S.B.N.: 978-84-9993-494-5

Dep. Legal:

© **Copyright:** WANCEULEN EDITORIAL DEPORTIVA, S.L.

Primera Edición: Año 2016

Impreso en España:

Reservados todos los derechos. Queda prohibido reproducir, almacenar en sistemas de recuperación de la información y transmitir parte alguna de esta publicación, cualquiera que sea el medio empleado (electrónico, mecánico, fotocopia, impresión, grabación, etc), sin el permiso de los titulares de los derechos de propiedad intelectual. Cualquier forma de reproducción, distribución, comunicación pública o transformación de esta obra solo puede ser realizada con la autorización de sus titulares, salvo excepción prevista por la ley. Diríjase a CEDRO (Centro Español de Derechos Reprográficos, www.cedro.org) si necesita fotocopiar o escanear algún fragmento de esta obra.

ÍNDICE

Presentación de la Colección.

Introducción

1. ASPECTOS COMUNES A TENER EN CUENTA EN EL EXAMEN ESCRITO.

    1.1. Criterios de corrección y evaluación que siguen los tribunales.
    1.2. Consejos sobre cómo estudiar los temas. Estrategias.
    1.3. Recomendaciones para la realización del examen escrito. Estrategias.
    1.4. Modelo estandarizado de presentación de examen escrito.
    1.5. Partes estándares a todos los temas.

2. MÉTODOS DE ENSEÑANZA EN EDUCACIÓN FÍSICA. ADECUACIÓN A LOS PRINCIPIOS METODOLÓGICOS DE LA EDUCACIÓN PRIMARIA.

COLECCIÓN OPOSICIONES DE MAGISTERIO. ESPECIALIDAD DE EDUCACIÓN FÍSICA

PRESENTACIÓN DE LA COLECCIÓN

Los autores, con muchos años de experiencia en la preparación de oposiciones, hemos plasmado en esta Colección multitud de argumentos y detalles con la finalidad de que cada persona interesada en acceder a la función pública conozca minuciosamente todos los pormenores de la preparación.

La Colección está compuesta por una treintena de volúmenes, de los que veinticinco están dedicados a otros tantos capítulos del temario, y los cinco restantes a cómo hacer y exponer oralmente la programación didáctica y las UU. DD., así como a resolver el examen práctico escrito.

Los destinados a los temas llevan incorporados unos aspectos comunes previos sobre cómo hay que estudiarlos y consejos acerca de cómo realizar el ejercicio escrito.

Los aplicados al examen oral: defensa de la programación y exposición de las U.D.I., también llevan un capítulo referente a cómo es mejor hacer la expresión verbal, el mensaje expresivo, el esquema en la pizarra, etc.

Es decir, los autores no nos hemos ceñido a publicar un temario para las dos pruebas escritas (tema y casos prácticos) y las dos orales (programación y unidades). Hemos querido hacer partícipe de las técnicas que hemos seguido estos años y que tan buen resultado nos han dado, sobre todo a quienes sacaron plaza merced a su propio esfuerzo. No obstante, debemos destacar un aspecto capital: ratio del tribunal, es decir, ¿con cuántos opositores me tengo que "pelear" para conseguir la plaza?

Ya podemos ir perfectamente preparados, que si un tribunal tiene dos plazas para dar y hay diez opositores con un diez... la suerte de tener una décima más o menos en la fase de concurso nos dará o quitará la plaza.

Por otro lado, es conocido que desde hace año en España tenemos diecisiete "leyes de educación", es decir, una por autonomía, además de la que es común para todos y que, como las autonómicas, depende del partido político que gobierne en ese momento. No podemos obviar que la Educación y todo lo que le rodea -incluidos opositores- es un aspecto más de la política, si bien entendemos debería ser justo lo contrario. La formación de nuestros hijos no debe estar en función de unas siglas de unos partidos políticos, porque cuando uno consigue el poder, elimina por sistema lo hecho por el anterior, esté mejor o peor. Ejemplos, por desgracia, hay muchos desde la LOGSE/1990. Así pues, abogamos por un Pacto Educativo que incluya, lógicamente, a opositores y al Sistema de Acceso a la Docencia.

Esto trae consigo que, forzosamente, debamos basarnos en una línea de elementos legislativos. En nuestro caso, además de la nacional, nos remitimos a la de Andalucía. Por ello, las personas opositoras que nos lean deberán adecuar las citas legislativas autonómicas que hagamos a las de la comunidad/es donde acuda a presentarse a las oposiciones docentes.

Para cualquier información corta, los autores estamos a disposición de las personas lectoras en:

oposicionedfisica@gmail.com

INTRODUCCIÓN

Este volumen tiene dos partes claramente diferenciadas:

a) Por un lado tratamos diversos aspectos comunes a todos los temas escritos. Es decir, nos centramos en cómo hay que estudiarlos a partir de los propios criterios de valoración del examen que indica la Consejería de Educación de la Junta de Andalucía, y que suelen ser similares a los de otras autonomías. También incluimos los criterios de otras comunidades, pero no de todas porque se nos haría interminable.

Esta parte también incluye una serie de consejos acerca de cómo estudiar los temas, cuestión que no es baladí porque el opositor está muy limitado por el tiempo disponible para realizarlo.

Esto nos lleva a siguiente punto, el "perfil" de cada opositor, su capacidad grafomotriz muy a tener en cuenta para que en el tiempo dado seamos capaces de tratar el tema elegido con una estructura adecuada a los criterios de evaluación que el tribunal va a usar en la corrección.

Es muy corriente el comentario de "mientras más sepas, más nota sacas y más posibilidades de obtener plaza tienes". Esto trae consigo, en muchas ocasiones, que el opositor se encuentre con "montañas de papeles" sin estructurar, sin saber si un documento reitera lo de otro, sin dominar la capacidad de síntesis ante tanto volumen de definiciones, clasificaciones, teorías, opiniones, etc.

La realidad es muy distinta. El opositor debe llevar preparado al menos veinticuatro documentos (para tener el 100% de que le va a salir en el sorteo un tema estudiado concienzudamente), con la información muy exacta de lo que le da tiempo a escribir correctamente desde todos los puntos: científico, legislativo, autores, estructura del propio examen, sintaxis, ortografía, etc.

Muchas veces nos han preguntado por el conocimiento de los tribunales, si están al día, etc. Nuestra respuesta ha sido siempre la misma: "sabrán más o menos de cada uno de los veinticinco temas, lo leerán con más o menos detenimiento, pero seguro que lo que más saben es corregir escritos porque lo hacen a diario en sus aulas, de ahí que debamos prestar la máxima atención a estos aspectos formales". Para ello añadimos al final una hoja-tipo.

Completamos este primer capítulo con una tabla de planificación semanal que debemos hacer desde un principio para "obligarnos" y seguirla con disciplina espartana, si de verdad queremos tener éxito.

b) Por otro, el Tema 23 totalmente actualizado a fecha de hoy. La persona opositora debe, una vez conozca el volumen de contenidos que es capaz de escribir, hacer un resumen equitativo de cada punto y "cuadrarlo" a su capacidad grafomotriz. A partir de aquí, a estudiarlo... pero escribiéndolo ya que la nota nos la van a poner por lo que escribamos y cómo expresemos esos contenidos. Pero, si en la comunidad donde nos examinemos, el escrito hay que leerlo al tribunal, de nuevo lo haremos, cuanto antes mejor, para ensayar la lectura y que determinadas palabras no se nos "atraganten".

CRITERIOS DE CORRECCIÓN Y EVALUACIÓN QUE SIGUEN LOS TRIBUNALES

Consideramos imprescindible saber **previamente** cómo nos va a evaluar el Tribunal para realizar el examen con respecto a los ítem que va a tener en cuenta. Aportamos varios **modelos** que han transcendido y que, básicamente, se diferencian en la **formulación** de las consideraciones y en su valoración, no en el **fondo**.

CRITERIOS DE EVALUACIÓN EN ANDALUCÍA.

La Consejería de Educación de la Junta de Andalucía informa a los sindicatos, en mayo de 2007, sobre un "borrador" de criterios de evaluación para el "Concurso Oposición al Cuerpo de Maestros 2007". Posteriormente, como pudimos comprobar esa convocatoria y las siguientes, estos criterios se hicieron "firmes".

Transcribimos literalmente los cinco puntos a considerar sobre el tema escrito:

CRITERIOS GENERALES TEMA ESCRITO

Estructura del tema.

  a) Presenta un índice.
  b) Justifica la importancia del tema.
  c) Hace una introducción del mismo.
  d) Expone sus repercusiones en el currículum y en el sistema educativo.
  e) Elabora una conclusión acorde con el planteamiento del tema.

Contenidos específicos.

  a) Adapta los contenidos al tema.
  b) Secuencia de manera lógica y clara sus apartados.
  c) Argumenta los contenidos.
  d) Profundiza en los mismos.
  e) Hace referencia al contexto escolar.

Expresión.

  a) Muestra fluidez en la redacción.
  b) Hace un uso correcto del lenguaje, con una buena construcción semántica.
  c) Emplea de forma adecuada el lenguaje técnico.

Presentación.

  a) Presenta el escrito con limpieza y claridad.
  b) Utiliza un formato adecuado teniendo en cuenta el apartado 4 del artículo 7.4.1. de la Orden de 24 de marzo de 2007, BOJA nº 60 del 26/03/2007.
     Nota: Se refiere a aspectos formales tales como no firmar el examen, entregarlo en un sobre con etiquetas, etc.

Bibliografía/Documentación.

  a) Fundamenta los contenidos con autores o bibliografía.
  b) Sitúa el tema en el marco legislativo pertinente.

La Consejería de Educación de la Junta de Andalucía informa a los sindicatos, en **junio de 2015**, sobre los criterios de evaluación para el "Concurso Oposición al Cuerpo de Maestros 2015". Transcribimos literalmente los cuatro puntos a considerar sobre el tema escrito:

CRITERIOS GENERALES A TENER EN CUENTA EN LA CORRECCIÓN DEL TEMA ESCRITO (JUNIO 2015).

1. Estructura del tema.

a) Secuencia de manera lógica y clara cada uno de los apartados del tema
b) Expone con claridad

2. Contenidos.

a) Argumenta y justifica científicamente los contenidos
b) Conoce y tarta con profundidad el tema
c) Realiza una transposición didáctica de la teoría expuesta a la práctica
d) Fundamenta los contenidos con autores y bibliografía que realmente hagan referencia al contenido en cuestión, así como a la normativa vigente

3. Expresión.

a) Redacta con fluidez
b) Usa correctamente el lenguaje y presenta una adecuada construcción sintáctica
c) Usa con propiedad el lenguaje técnico específico de la especialidad
d) No se aprecian divagaciones, reiteraciones, etc.

4. Presentación.

a) El ejercicio es legible: no hay que estar deduciendo qué quiere decir ni traduciendo el texto
b) Se observa limpieza y claridad en el ejercicio
c) Usa un formato adecuado

CRITERIOS GENERALES A TENER EN CUENTA EN LA CORRECCIÓN DEL TEMA ESCRITO
(Comunidad de Castilla-La Mancha)

Los criterios de evaluación del tema escrito (Comunidad de Castilla-La Mancha), que tuvieron los tribunales en cuenta en la convocatoria de 2007 y que fueron establecidos por la Comisión de Selección de la Especialidad de Educación Física, son:

CRITERIOS PARA EVALUAR EL TEMA ESCRITO. PARTE "A"	Puntuación
1.- Introducción, justificación, índice y mapa conceptual.	(MÁXIMO 1,5 puntos)
2.- Contenidos específicos	
2.1.-Trata todos los epígrafes del tema. 2.2.- Adecuación de los contenidos al tema. Los contenidos se ajustan al tema. 2.3.- Profundización de los mismos. 2.4.- Organización lógica y clara en cada punto. Atendiendo al índice. 2.5.- Argumentación de los contenidos. 2.6.- Referencia al contexto escolar. 2.7.-Relaciona con otros temas del currículum. 2.8.- Originalidad y creatividad en el tema.	(MÁXIMO 6,5 puntos)
3.-Bibliografía	
3.1.- Bibliografía específica del tema. Cita autores y hace referencias bibliográficas. 3.2.- Aspectos legislativos. Hace referencia a la legislación nacional y autonómica.	(MÁXIMO 0,75 puntos)
4.- Conclusión y valoración personal	(MÁXIMO 0,75 puntos)
5.- Aspectos formales. Presentación, estructura, organización, uso de vocabulario técnico.	(MÁXIMO 0,5 puntos)
6.- Errores	
a. Divagaciones b. Faltas de ortografía c. Errores garrafales	SE VALORARÁ NEGATIVAMENTE POR PARTE DEL TRIBUNAL
Total	10 Puntos.

OTROS CRITERIOS GENERALES A TENER EN CUENTA EN LA CORRECCIÓN DEL TEMA ESCRITO

Otros tribunales siguieron unos criterios de evaluación del examen escrito como los que ahora reflejamos:

CRITERIOS PARA EVALUAR EL TEMA ESCRITO			
1		Introducción, índice y mapa conceptual	Máximo 1 punto
2		Nivel de contenidos	Máximo 5 puntos
	2.1.	Trata todos los epígrafes del tema	
	2.2.	Los contenidos se ajustan al temario	
	2.3.	Relaciona con otros temas del curriculum	
	2.4.	Hace referencia a la legislación nacional y autonómica	
	2.5.	Cita autores y/o referencias bibliográficas	
3		Aspectos formales: presentación, estructura, organización, vocabulario y ortografía	Máximo 3 puntos
4		Conclusión, valoración personal y bibliografía	Máximo 1 punto

Esta tabla tuvo su origen en la Convocatoria de Castilla La Mancha hace unos años. Sus criterios siguen vigentes.

Cuadro resumen de los Criterios de Evaluación	Temas A

1.- Contenidos específicos
  a. Adecuación de los contenidos al tema.
  b. Profundización de los mismos.
  c. Organización lógica y clara en cada punto (Índice).
  d. Argumentación de los contenidos.
  e. Referencia al contexto escolar.
  f. Originalidad y creatividad en el tema.
	2,75 puntos

2.- Introducción y conclusión
  a. Justificación de la importancia del tema.
  b. Repercusiones en nuestra área y en el Sistema Educativo.
  c. Buena introducción del tema.
  d. Conclusión.
	0,5 puntos

3.- Expresión
  a. Fluidez del discurso.
  b. Buena redacción, sin errores sintácticos, redundancias...
  c. Uso del lenguaje técnico.
	1 puntos

4.- Presentación
  a. Limpieza y claridad.
  b. Formato con variedad de recursos (gráficos, sangrías, diferenciación entre títulos, subtítulos, contenidos, esquema, etc.)
	0,5 puntos

5.- Bibliografía
  a. Bibliografía específica del tema.
  b. Aspectos legislativos.
	0,25 puntos

Penalizaciones
  a. Divagaciones
  b. Faltas de ortografía
  c. Errores garrafales
	A restar según criterio del propio tribunal

Totales	5 Ptos.

En **2013**, la Convocatoria de Primaria en **Castilla-La Mancha** incluían estos **criterios**:

PARTE 1B *DESARROLLO DE UN TEMA DE LA ESPECIALIDAD*	PESO ESPECÍFICO
1. Estructurar el tema de forma coherente, secuenciada, justificada y equitativa con todos los apartados.	25%
2. En relación a los contenidos desarrollados, responder al tema planteado, adaptándose al currículum, con aportaciones teórico-prácticas, siendo funcional para la práctica docente.	40%
3. Ser original y creativo en el desarrollo del tema, estableciendo conexiones con otros contenidos del currículum, con aportaciones personales fundamentadas que revelan la creación propia e inédita del mismo.	15%
4. El tema será afín a unas bases teóricas, a una fundamentación científica de la que parte el currículum, al tiempo que aporta ideas nuevas.	5%
5. Mostrar una lectura fluida y comprensible, con una actitud transmisora y un desarrollo expositivo que se ciñan al tema.	15%

En la Convocatoria de **Secundaria** de **Andalucía** de **2016**, los criterios o "indicadores" a tener en cuenta por los tribunales para el examen escrito, son:

INDICADORES

● ESTRUCTURA DEL TEMA:

- Índice (adecuado al título del tema y bien estructurado y secuenciado).
- Introducción (justificación e importancia del tema).
- Desarrollo de todos los apartados recogidos en el título e índice.
- Conclusión (síntesis, donde se relacionan todos los apartados del tema).
- Bibliografía (cita fuentes diversas, actualizadas y fidedignas).

● EXPRESIÓN Y PRESENTACIÓN:

- Fluidez en redacción, adecuada expresión escrita: ortografía y gramática.
- Riqueza y corrección léxica y gramatical (IDIOMAS).
- Limpieza y claridad.

● CONTENIDOS ESPECÍFICOS DEL TEMA:

- Nivel de profundización y actualización de los contenidos.
- Valoración o juicio crítico y fundamentado de los contenidos.
- Ilustra los contenidos con ejemplos, esquemas, gráficos...
- Secuencia lógica y ordenada.
- Uso correcto y actualizado del lenguaje técnico.

CONSEJOS SOBRE CÓMO ESTUDIAR LOS TEMAS. ESTRATEGIAS.

Exponemos una serie de consejos que solemos dar a nuestros opositores:

- Cada uno tiene un "método" que ha experimentado durante su vida de estudiante, sobre todo a nivel universitario, de ahí que nuestra influencia sea relativa. No obstante, muchos nos reconocen que *"nunca hemos estudiado en profundidad hasta comenzar a prepararnos las oposiciones"*.

- Reconocemos que hay **múltiples** formas de estudio. Hemos tenido opositores que necesitaban estar tumbados, otros sentados y en total silencio, otros tenían que tener forzosamente una tenue música de fondo, etc. Es decir, existen muchas maneras con más o menos **dependencia/independencia** de **campo**.

- Unos precisan **luz** natural, otros luz blanca o azul, con flexo cercano o con la de la lámpara del techo…

- Hay quien prefiere estudiar a base de **resúmenes** hechos en un procesador de textos y otros, en cambio, tenían que estar a mano.

- Muchos prefieren **grabar** verbalmente los contenidos para reproducirlos cuando viaja, corre, nada o anda y así aprovechar estos "tiempos muertos".

- Otros requieren **gráficos** y mapas conceptuales. Incluso, hemos tenido los que preferían hacer un póster-esquema y colgarlo a la pared para leerlo de pie…

- Otro grupo lo conforman aquellos que prefieren subrayar o señalar los puntos clave con rotulador marcador tipo fluorescente, otros a lápiz… Eso sí, lo señalado debe tener encadenamiento o cohesión interna para verterlo, ya redactado, en el examen, de ahí que **debamos estudiar escribiendo**, porque el examen escrito trata de ello.

- Debemos usar bolígrafos de gel por ser más rápidos en su trazo y papel tamaño A4, que es el que nos van a proporcionar el día del examen. Ojo a los tipos de **bolígrafos permitidos** por los tribunales, debemos estar muy atentos a lo que nos dicen el día de la **presentación**. Independientemente de ello, debemos acostumbrarnos a poner el folio directamente sobre la superficie dura de la mesa, ya que así la velocidad de escritura es superior que si lo situamos encima de otros folios porque éstos hacen que el espacio de apoyo nos frene por ser más blando. Un **reloj** para controlarnos los tiempos es imprescindible también.

- En cualquier caso, no sería bueno estudiar más de dos horas seguidas, sobre todo si estamos sentados. Ello, normalmente, acarrea contracturas dorso-lumbares, en los miembros inferiores, etc. con el consiguiente dolor y molestia. Lo mismo podemos decir a nivel de nuestra visión.

- Realizar **actividad física o deportiva** varias veces a la semana es muy aconsejable por simple razón de compensación y revitalización personal.

- Es bueno, pues, cada dos horas aproximadamente, hacer un **alto horario** de 8-10 minutos para despejarnos mentalmente y estirarnos físicamente. Beber **agua** y la ingesta de **fruta** suele ser positivo. Esto es extensible al día del examen de la oposición.

- No obstante, si la convocatoria nos dice que el escrito durará más de este tiempo, debemos paulatinamente aumentar las dos horas hasta llegar al **tope** marcado.

- Siempre recomendamos realizar una **planificación** semanal personalizada, que regule nuestro **tiempo** destinado al estudio (avance y repaso de los temas del escrito, casos prácticos, exposición oral), al trabajo, deporte, ocio, obligaciones familiares, etc. Ver tabla/ejemplo en la página siguiente.

- **¿Cuánto tiempo dedicar al estudio?** No podemos dar "recetas" pues depende del nivel previo de cada opositor. Hay quien trae excelentes aprendizajes previos de la carrera y hay quien ese nivel lo trae demasiado básico. Otros ya tienen experiencias en oposiciones, etc. Así pues cada uno debe auto regularse en función de sus capacidades y sus circunstancias personales. Genéricamente podemos indicar que, al menos, 4-6 horas/día divididas por un descanso de 10-15 minutos puede ser un estándar adecuado. A partir de ahí, personalizar en función del avance o no obtenido.

- Siempre debemos tener un "**molde personal**" en función de la capacidad grafomotriz, habida cuenta el **ahorro** de tiempo y energía que nos supone seguir esta estrategia.

- De cualquier forma, debemos respetar el dicho popular "*lo que no se recuerda, no se sabe*", de ahí **memorizar comprensivamente** lo más significativo.

- La **memoria**, al igual que ocurre con la condición física, se mejora ejercitándola con frecuencia.

- Tan importante es memorizar un tema nuevo como no olvidar los ya aprendidos, por lo que es necesario **consolidar**, repasando, lo estudiado. Comprobar que dominamos temas anteriores mejora nuestra capacidad de auto concepto.

- De ahí la importancia de estudiar teniendo delante nuestro **resumen personalizado** y olvidarnos de aumentar los contenidos del tema porque, además de crearnos inquietudes, posiblemente no podamos reflejar todo lo que sabemos en el tiempo que tenemos de examen.

Mostramos en el siguiente **gráfico** un claro y rápido ejemplo de cómo auto planificarse el estudio durante la semana a partir de tres **módulos** diarios:

EJEMPLO DE PLANIFICACIÓN SEMANAL-TIPO
Combinación de estudio-repaso-programación-UU.DD.-prácticos-trabajo profesional-descanso

LUNES	MARTES	MIÉRCOLES	JUEVES	VIERNES	SÁBADO	DOMINGO
MAÑANA	MAÑANA	MAÑANA	MAÑANA	MAÑANA	MAÑANA	MAÑANA
TRABAJO	Estudio tema nuevo semana	TRABAJO	Repaso tema nuevo	TRABAJO	Casos Prácticos	Libre
TRABAJO	Estudio tema nuevo semana	TRABAJO	Programación	TRABAJO	Casos Prácticos	Libre
TARDE	TARDE	TARDE	TARDE	TARDE	TARDE	TARDE
Estudio tema nuevo semana	Programación	Repaso temas anteriores	UU. DD.-U.D.I.	Sesión de clase con preparador	Repaso temas anteriores	Repaso temas anteriores

RECOMENDACIONES PARA LA REALIZACIÓN DEL EXAMEN ESCRITO. ESTRATEGIAS.

NOTA: Muchos de los consejos que ahora damos, sobre todo los relacionados con la presentación, escritura, etc. son también aplicables a la realización por escrito de los casos prácticos, si los hubiera.

En las convocatorias anteriores se ha comprobado que la mayoría de aprobados en el examen escrito tenían **buena letra**, además de contenidos notables. Efectivamente, entre los criterios de evaluación que utilizan los tribunales hay algunos puntos destinados a la **presentación** que no podemos desechar. Incluso, si la Orden de la Convocatoria indica que el opositor deberá **leer** su propio **examen** ante el tribunal, éste suele comprobar posteriormente su estructura, sintaxis, ortografía, etc.

No llegar a tiempo a los llamamientos supone la primera **precaución** a tomar. En ocasiones, las instalaciones donde se celebran las oposiciones se ven saturadas desde varios kilómetros antes de llegar. A ello hay que sumar el tiempo para aparcar, buscar el aula asignada, etc. **Llegar tarde** puede suponer la **no presentación** y la consiguiente **eliminación**.

Gracias a las observaciones hechas por los tribunales de años anteriores y por los criterios de evaluación que han transcendido, estamos en disposición de apuntar una serie de anotaciones a considerar por las personas opositoras durante su periodo de preparación con nosotros. Habitualmente los tribunales reservan parte de la nota total para los **aspectos "formales"** del examen, que ahora comentamos. Esto es de vital importancia porque dos opositores con igual cantidad y calidad de contenidos, sacará mejor nota quien mejor lo presente. Ante ello, reservar algunos minutos para poder **revisar** el examen antes de entregarlo, teniendo en cuenta lo siguiente:

- Nadie aprueba con **mala letra**. Igual decimos de la presentación y limpieza.
- Esto lo hacemos extensivo a las faltas de **ortografía**, acentuación, mala **sintaxis**, incorrecciones **semánticas**, **expresión** y **redacción**, **vulgarismos**, **repetir la misma palabra** continuadamente, **tachones**, suciedad, etc. No podemos "escribir igual que hablamos". También, no poner el número del tema elegido o su título. Otro error habitual es el mal uso de los puntos, bien seguido, bien aparte.
- Debemos escribir por **una carilla** -al menos que el tribunal indique otra cosa- con letra más bien grande para facilitar su lectura. No poner detalles como "no recuerdo..."; "creo que..."; "no me da tiempo..."; "me parece que es...".
- La **media** de **folios** (carillas o páginas) que suelen hacer nuestros preparados están entre **14 y 16**, con **17-22 renglones** cada una (20 lo habitual) y **9 palabras/renglón,** teniendo en consideración unos **márgenes laterales** y **superior e inferior** de 2 a 2'5 centímetros. No obstante, conforme avanza la preparación y la habilidad para escribir este tipo de examen, hay quien aumenta el volumen de páginas de manera significativa, pero siempre manteniendo y respetando los criterios de evaluación que suelen tener los tribunales: letra, limpieza, construcción semántica, ortografía, etc. Si preferimos escribirlo en un procesador de textos, como puede ser "Word", el número de palabras suele estar alrededor de las 2400-2700, aproximadamente.
- Los **renglones** deben ser **paralelos** y siempre con el mismo **interlineado**. En caso de tener problemas para hacerlo, podemos llevarnos una **plantilla** ya hecha, como una hoja tamaño folio de cuaderno de rayas, o bien hacerla allí

mismo con lápiz y regla. Si tampoco pudiese ser (a veces los tribunales han hecho especial hincapié en "no entrar con plantilla, regla, etc."), nos esmeraríamos en la realización de la primera página, aunque tardásemos más tiempo, y ésta nos serviría como "falsilla" o planilla de renglones. Otro **"truco"** es hacerla a partir del **DNI** al que previamente le hemos hecho unas señales minúsculas con la anchura que deseamos. Éste nos sustituiría a la regla.

- No se puede ser "loco o loca" escribiendo. Para ello es importante el **entrenamiento** durante el periodo de preparación. De ahí surge la **automatización** de todos estos aspectos, además del sangrado, márgenes, etc. No poner abreviaturas.
- Por otro lado debemos **numerar** las hojas, incluso algunos lo hacen poniendo "1 de 15; 2 de 15…".
- La utilización de **dos colores** de tinta **no** suele estar **permitido**, como tampoco subrayados para señalizar los títulos, epígrafes, ideas fundamentales, etc., al menos que el tribunal exprese lo contrario. En todo caso, **preguntar** al tribunal antes de empezar si es posible su uso, así como de tippex. También si se pueden poner gráficos, flechas, tablas, etc., si el tribunal lo permite, pero la Orden de la Convocatoria suele prohibirlo por considerarlo posible "**señal**". Un **bolígrafo** tipo **gel** y apoyarnos sobre un **superficie dura** para que éste se deslice mejor, nos permite mayor velocidad de escritura manteniendo su calidad. Quienes suelen hacer tachaduras, previendo que no les dejen usar tippex, pueden optar por un **bolígrafo borrable por fricción** (marca Pilot o similar) que elimina cualquier rastro de su propia tinta. No obstante, determinados "bolígrafos rápidos" que se basan en tinta tipo gel, suelen ser peor para opositores **zurdos**, por razones obvias. Recordamos la necesidad de seguir exactamente las **instrucciones** que nos dé el tribunal al respecto, habida cuenta tenemos experiencias sobre la **anulación** de exámenes por el uso de este tipo de herramienta de escritura.
- No olvidemos que la mayoría de los títulos de los temas tienen tres puntos, por lo que debemos **dividir** la totalidad de materia que escribamos en tres partes similares. De esa forma, evitamos exponer mucho contenido de una parte en perjuicio de otra. Así pues, normalmente haremos tres puntos con varios sub-puntos cada uno buscando la conexión entre los mismos. Además, pondremos el **índice** al principio, tras el título, **introducción, conclusiones, bibliografía** - que incluye la legislación- y webgrafía. En **resumen**, queda muy bien, limpio y "amplio", la estructuración del examen de esta manera:

    - **Título** del Tema. 1ª página. Mayúsculas y en una única página.
    - **Índice**. 2ª página. En una sola página.
    - **Introducción**. 3ª y 4ª página. Debe tener cierta peculiaridad con objeto de atraer la curiosidad del corrector. Nombrar los descriptores del título y en cada uno dar una o dos referencias del mismo. Podemos "presentarlo" a través de su importancia en el currículo y citar sus referencias legislativas. Usar, preferentemente, dos páginas.
    - **Apartados o descriptores** y los sub-apartados. 5ª página. Es el eje alrededor del cual gira la nota relativa a los contenidos. Incluye definiciones, clasificaciones, teorías, líneas metodológicas, referencias curriculares, aplicaciones prácticas, actividades, etc., todo ello citando a autores y normativa que luego quedarán reflejados en la bibliografía, pero con una redacción técnica. En cualquier caso debemos marcar claramente cuándo finalizamos el primer punto y comenzamos el siguiente. Si somos "olvidadizos", podemos dejar un interlineado relativamente amplio por si nos acordamos después de algún detalle olvidado y deseamos incorporarlo sin tachones.

- **Conclusiones**. Lo más notable que hemos tratado, los puntos clave. Al ser lo último que el corrector lee, deben estar muy cuidadas porque puede influir decisivamente en la nota.
- **Bibliografía**. Reseñar algún libro "comodín" y de los autores nombrados anteriormente. También la legislación significada.
- **Webgrafía**. Alguna general, como revistas digitales, o específica.

En cualquier caso, es **imprescindible** conocer los **criterios de evaluación** que van a seguir los tribunales, máxime si son públicos, como viene ocurriendo en varias comunidades autónomas, y en Andalucía de forma más concreta, tal y como hemos citado en el capítulos anteriores. Debemos, pues, hacer caso de ellos y citar o desarrollar todos los **aspectos** que los criterios mencionan.

Precisamente, el tiempo no lo podemos "regalar" ni despreciar, por lo que si terminamos el examen y aún quedan cinco o diez minutos, debemos **repasar** lo escrito por si se nos ha olvidado algo relevante o no hemos puesto la debida atención a las faltas gramaticales, sesgos sexistas, escritura con "códigos SMS", etc. Así pues, debemos agotar el tiempo subsanando cualquier error.

Si la preparación ha sido buena, nada más hacerse el sorteo de los temas, debemos decidirnos por uno. Inmediatamente nos concentramos y empezamos a desarrollarlo, porque debemos ya tener "**automatizada**" su escritura. Si empezamos a dudar, comenzamos a perder el escaso tiempo que nos dan.

En caso de haber estudiado con "**esquemas**", lo mejor sería hacernos uno en sucio para usarlo como guía en la redacción del examen. Este folio nos sirve también para tomar notas, para ir estructurando el tema, etc. Pero, repetimos, la escritura del tema debemos tenerla automatizada porque si no perdemos el tiempo. Esta hoja la destruiríamos al terminar.

Si hemos preparado una introducción, conclusiones, bibliografía y webgrafía "estándar", podemos irlas escribiendo en el llamado "**tiempo perdido**" que suele haber desde que nos dan los folios hasta que sortean los números de los temas. Después podemos añadir los rasgos específicos del tema ya elegido.

Nuestros preparados suelen preguntarnos por la expresión a usar. Aconsejamos el "**plural mayestático**" (*nosotros, ahora vemos, podemos seguir, observamos*, etc.)

Otro aspecto importante es la **elección** del tema de entre los sorteados. Debemos hacer el que dominemos mejor, el que ya lo hayamos escrito muchas veces durante la preparación, el que nos garantice escribir más folios, en suma, el que nos dé más seguridad.

No olvidar llevarse **agua** y alguna pieza de **fruta**. Normalmente a finales de junio suele hacer mucho **calor** y la sensación de éste aumenta con la tensión del examen.

Ahora adjuntamos una **hoja con un resumen** de los **aspectos formales** del examen escrito del tema, aunque aplicable también a la redacción de los **casos prácticos**.

MODELO ESTÁNDAR DE PRESENTACIÓN PARA PRUEBA ESCRITA

2.- COORDINACIÓN Y EQUILIBRIO EN LA INICIACIÓN AL FÚTBOL ESCOLAR

2.1. CONCEPTUALIZACIONES PRELIMINARES.

Desde un primer momento es adecuado tener en cuenta que cualquier movimiento, por mínimo que sea, requiere coordinación y equilibrio adecuados. Por ejemplo, abrir y cerrar una mano conlleva que una serie de grupos musculares realicen (agonistas) la acción y que otros se relajen (antagonistas) para que aquéllos puedan actuar, así como que otros grupos estabilicen (fijadores) los de la muñeca para que lo anterior pueda tener lugar (Téllez, 2014).

La coordinación nos permite hacer lo pensado, es decir, realizar la imagen mental que nos hemos hecho, el esquema motor. Está íntimamente ligada a las habilidades y destrezas básicas a través de su relación con la coordinación dinámico general y la coordinación óculo-segmentaria, respectivamente (Mateos y Garriga, 2015).

Precisamente, las edades porpias de la Primaria son las más críticas para el desarrollo de las capacidades coordinativas (Bugallal, 2011).

Si nos fijamos atentamente en un <u>partido de fútbol</u> podemos observar numerosas acciones diferentes y que, mal hechas, pueden producir lesiones, como dejinses:

a) Carreras

b) Saltos

c) Giros

d) Lanzamientos

Todos ellos con infinidad de VARIANTES. Para que todos esos gestos "salgan bien" ~~havrá~~ habrá sido necesario un director que regule todos los mov. Esta es la función del sistema nervioso.

PARTES ESTÁNDARES A TODOS LOS TEMAS.

Muchas de las personas que preparamos tienen **problemas** por la falta de tiempo o de, simplemente, por ser poco capaces de aprender **introducciones, conclusiones, bibliografías, legislación y webgrafía** de cada uno de los temas.

Uno de los **remedios** para no "castigar" la memoria es confeccionarse unos "**estándares**" o "**comunes**" que den servicio a estos apartados.

Si a ello le unimos la racionalidad en la confección del Índice, a partir de los tres o cuatro apartados o descriptores del título del tema, hemos ahorrado un esfuerzo a nuestra memoria.

Así pues, vamos a dar una serie de **consejos** para que cada persona lectora los elabore de una forma sencilla pero eficaz unos textos usuales, si bien deberíamos a continuación podríamos **complementarlos** con unos **rasgos específicos** del tema que, prácticamente, nos vienen dado por el **título** del tema que nos escribirá el tribunal en la pizarra de la sala de examen. Por ejemplo, si la Introducción la hacemos en dos páginas, los aspectos comunes pueden suponer entre el 60-75 %, es decir, página y un tercio de la siguiente. Si la Conclusión la hacemos en una única, las tres cuartas partes podemos dedicarla a los textos estandarizados y el resto a los concretos del tema escrito.

INTRODUCCIONES COMUNES A TODOS LOS TEMAS

Cuando hemos hablado con los componentes de los tribunales, habitualmente nos indican que suelen fijarse en el "detalle" de si el opositor ha puesto desde el principio o no **referencias** a la **legislación actual**, debido a que suelen entender que cualquier tema debe redactarse **a partir** de las leyes educativas, decretos y órdenes que las desarrollan. Así pues, debemos hacer mención, **respetando su jerarquía**, de:

- Ley Orgánica 8/2013, de 9 de diciembre, para la mejora de la calidad educativa (LOMCE). B.O.E. nº 295, de 10/12/2013.
- Ley Orgánica 2/2006, de 3 de mayo, de Educación (LOE). B.O.E. nº 106 del 04/06/2006. (Modificada por la LOMCE/2013).
- Ley 17/2007, de 10 de diciembre, de Educación en Andalucía. B.O.J.A. nº 252, de 26/12/2007.
- M. E. C. (2014). *Real Decreto 126/2014, de 28 de febrero, por el que se establece el currículo básico de la Educación Primaria.* B. O. E. nº 52, de 01/03/2014.
- M.E.C. (2015). *Orden ECD/65/2015, de 21 de enero, por la que se describen las relaciones entre las competencias, los contenidos y los criterios de evaluación de la educación primaria, la educación secundaria obligatoria y el bachillerato.* B.O.E. nº 25, de 29/01/2015.
- JUNTA DE ANDALUCÍA (2015). *Decreto 97/2015, de 3 de marzo, por el que se establece la ordenación y el currículo de la educación Primaria en la comunidad Autónoma de Andalucía.* BOJA nº 50 de 13/013/2015.
- JUNTA DE ANDALUCÍA (2015). *Orden de 17 de marzo de 2015, por la que se desarrolla el currículo correspondiente a la educación Primaria en Andalucía.* BOJA nº 60 de 27/03/2015.

No obstante, entendemos que sería un buen detalle **citar** también a las **Competencias Clave**, habida cuenta su importancia a partir de la publicación de la LOE/2006, actualizada por la LOMCE/2013.

Igualmente podemos hacer mención a la legislación correspondiente a la evaluación o a la relacionada con la atención a la **diversidad**, pero tanto texto no nos cabe, de ahí la necesidad de **sintetizar** la información que consideremos más representativa.

Otra línea es plasmar alguna "**frase hecha**", como "*enseñar Educación física con éxito supone diseñar una programación coherente con el contexto, disponer de un amplio abanico de estrategias didácticas, generar un clima de clase que invite al aprendizaje, utilizar adecuadamente los recursos materiales y tecnológicos e integrar la evaluación en el proceso de aprendizaje*" (Blázquez y otros, 2010).

Otro ejemplo puede ser: "*Uno de los fines genéricos que persigue la Educación Física escolar es el de favorecer la ubicación personal del alumno/a en la sociedad, en una cultura corporal donde la escuela proporcione al alumnado los medios apropiados para su acceso y, en consecuencia, conseguir los beneficios que de ella pueden conseguir: desarrollo personal; equilibrio psicofísico; mejorar la salud; disfrutar del tiempo de ocio; etc., así como el desarrollo de la autonomía personal ante las influencias que imponen los nuevos mitos sociales*". "*El cuerpo y el movimiento como ejes básicos de nuestra acción educativa*"; "*el área de Educación Física se muestra sensible a los acelerados cambios que experimenta la sociedad…*"; "*la importancia de las relaciones interpersonales que se generan alrededor de la actividad física permiten incidir en la asunción de valores como el respeto, la aceptación, la cooperación…*", procedentes de legislaciones pasadas, pero de plena actualidad por la temática expresada.

Posteriormente, en la Introducción debemos hacer referencias a la materia que trata el tema elegido, lo que antes hemos referenciado como "rasgos específicos". Esto nos resulta fácil con un poco de práctica, simplemente comentando una o dos líneas a partir del título del tema que el tribunal detalla en la pizarra. No obstante, el sentido de lo que expresemos debe ir encaminado a lo que "vamos a tratar en el desarrollo del tema…"

CONCLUSIONES COMUNES A TODOS LOS TEMAS

Si en las introducciones se basan en lo que "vamos a estudiar en el tema…", con las Conclusiones ocurre al contrario: "a lo largo del tema hemos visto (escrito, estudiado, tratado, etc.) la importancia de…" Para ello podemos **actuar** como antes, es decir, un par de **párrafos comunes** a todas las temáticas. Por ejemplo, "la trascendencia del conocimiento del propio cuerpo, vivenciándolo y disfrutándolo, además de respetarlo". Otra posibilidad es incluir un párrafo basándonos en algunos ejemplos de estos textos **estandarizados**:

"*Todos los niños y niñas tienen el derecho a una educación de calidad que permita su desarrollo integro de sus posibilidades intelectuales, físicas, psicológicas, sociales y afectivas*" (Decreto 328/2010). "*Entendemos la etapa de primaria como fundamental para el desarrollo de las capacidades motrices del alumnado y donde el docente debe observar las deficiencias de éstos para corregirlas lo más rápidamente posible*".

En Andalucía, la O. 17/03/2015, indica que: "*la Educación Física es un área en la que se optimizan las capacidades y habilidades motrices sin olvidar el cuidado del cuerpo, salud y la utilización constructiva del ocio. En Educación física se producen relaciones de cooperación y colaboración, en las que el entorno puede ser estable o variable, para conseguir un objetivo o resolver una situación. La atención selectiva, la interpretación de las acciones de otras personas, la previsión y anticipación de las propias acciones teniendo en cuenta las estrategias colectivas, el respeto de las normas, la resolución de problemas, el trabajo en grupo, la necesidad de organizar y adaptar las respuestas a las variaciones del entorno, la posibilidad de conexión con otras áreas, el juego como herramienta primordial, la imaginación y creatividad".*

Posteriormente plasmamos algunos rasgos de lo más característico que hemos escrito durante la redacción del tema escogido. Realmente se trata de que destaquemos lo más trascendental de cada uno de los apartados de los descriptores del título, pero con información nueva, expresando que "a lo largo del tema hemos visto la importancia de..." o "hemos indicado en la redacción del tema los conceptos, clasificaciones, didáctica de...".

BIBLIOGRAFÍA COMÚN A TODOS LOS TEMAS

Hay quien diferencia **bibliografía** de **legislación**. Nosotros, al estar ambos documentos en formato papel, lo **unificamos**.

Evidentemente cada tema tiene una serie de volúmenes principales o monográficos de apoyo, pero también está muy claro que hay una serie de **libros generales de didáctica** que vienen muy bien tenerlos en cuenta para ponerlos en la mayoría de los temas. Son las publicaciones que habitualmente se manejan en las facultades de Magisterio. Los tribunales suelen valorar más ediciones de los **últimos años**, aunque siempre habrá libros "clásicos", sobre todo las **monografías** de conocidos autores y que son muy **específicas** de los **temas**. Por ejemplo, Delgado Noguera en temas relacionados con la metodología y organización; Blázquez con evaluación y con la iniciación deportiva; Rigal en motricidad, etc.

Algunos ejemplos de bibliografía **común**, es decir, libros que prácticamente en su totalidad tratan **todas** las **materias** de los veinticinco temas, son:

ADAME, Z. y GUTIÉRREZ DELGADO, M. (2009). *Educación Física y su Didáctica. Manual de Programación.* Fondo Editorial de la Fundación San Pablo Andalucía CEU. Sevilla.

ARRÁEZ, J. M.; LÓPEZ, J. M.; ORTIZ, Mª M. y TORRES, J. (1995). *Aspectos básicos de la Educación Física en Primaria. Manual para el Maestro.* Wanceulen. Sevilla.

BLÁZQUEZ, D.; CAPLLONCH, M.; GONZÁLEZ, C.; LLEIXÁ, T.; (2010). *Didáctica de la Educación Física. Formación del profesorado.* Graó. Barcelona.

CAÑIZARES, J. Mª y CARBONERO, C. (2009). *Currículum de Educación Física en Primaria para Andalucía.* Wanceulen. Sevilla.

CAÑIZARES, J. Mª y CARBONERO, C. (2009). *Currículum de Educación Física en Primaria.* Wanceulen. Sevilla.

CHINCHILLA, J. L. y ZAGALAZ, M. L. (2002). *Didáctica de la Educación Física.* CCS. Madrid.

CONTRERAS, O. R. y GARCÍA, L. M. (2011). *Didáctica de la Educación Física. Enseñanza de los contenidos desde el constructivismo.* Síntesis. Madrid.

CONTRERAS, O. y CUEVAS, R. (2011). *Las Competencias Básicas desde la Educación Física*. INDE, Barcelona.

FERNÁNDEZ GARCÍA, E. -coord.- (2002). *Didáctica de la Educación Física en la Educación Primaria*. Síntesis. Madrid.

FERNÁNDEZ GARCÍA, E. -coord.- CECCHINI, J. A. y ZAGALAZ, Mª L. (2002). *Didáctica de la educación física en la educación primaria*. Síntesis. Madrid.

GALERA, A. D. (2001). *Manual de didáctica de la educación física. Una perspectiva constructivista moderada*. Vol. I y II. Paidós. Barcelona.

GIL MORALES, P. (2001). *Metodología didáctica de las actividades físicas y deportivas*. Fundación Vipren. Cádiz.

SÁENZ-LÓPEZ, P. (2002). *La Educación Física y su Didáctica*. Wanceulen. Sevilla.

SÁNCHEZ BAÑUELOS, F. (1996) *Bases para una Didáctica de la Educación Física y los Deportes*. Gymnos. Madrid.

SÁNCHEZ BAÑUELOS, F. y FERNÁNDEZ, E. -coords.- (2003). *Didáctica de la Educación Física para Primaria*. Prentice Hall.

SÁNCHEZ GARRIDO, D. y CÓRDOBA, E. (2010). *Manual docente para la autoformación en competencias básicas*. C.E.J.A. Málaga.

VICIANA, J. (2002). *Planificar en Educación Física*. INDE. Barcelona.

VILLADA, P. y VIZUETE, M. (2002). *Los Fundamentos teóricos-didácticos de la Educación Física*. Secretaría General Técnica del M. E. C. D. Madrid.

VV. AA. (2008). *Colección de manuales de atención al alumnado con necesidades específicas de apoyo educativo*. (10 volúmenes). C. E. J. A. Sevilla.

ZAGALAZ, Mª L.; CACHÓN, J.; LARA, A. (2014). *Fundamentos de la programación de Educación Física en Primaria*. Síntesis. Madrid.

Esta relación, o parte de ella, no debe aparecer en exclusiva. Antes que nada debemos recordar que es muy conveniente **reseñar autores y año** de publicación **durante** la **redacción** de los diversos apartados o descriptores. Esto, obviamente, nos obliga a incluirlos en la bibliografía "específica" de cada tema. Por ejemplo, en los temas relacionados con la psicomotricidad (7 – 9 – 10 – 11) recomendamos citar a:

RIGAL, R. (2006). *Educación motriz y educación psicomotriz en Preescolar y Primaria*. INDE. Barcelona.

SASSANO, M. (2015). *El cuerpo como origen del tiempo y del espacio. Enfoques desde la Psicomotricidad*. Miño y Dávila editores. Buenos Aires.

TAMARIT, A. (2016). *Desarrollo cognitivo y motor*. Síntesis. Madrid.

Hay una serie de **documentos legislativos** "obligatorios" porque, entre otras cosas, los hemos debido referir en el examen escrito. Además, debemos reseñar otros **específicos** de los temas. Por ejemplo, si tratamos la "evaluación", debemos anotar la Orden de 4 de noviembre de 2015, por la que se establece la ordenación de la evaluación del proceso de aprendizaje del alumnado de educación Primaria en la Comunidad Autónoma de Andalucía.

La legislación general ya la hemos indicado en el apartado anterior sobre "Introducciones comunes", aunque referida a Andalucía. **Cada persona opositora debe adecuarla a la comunidad autónoma donde se presente.**

WEBGRAFÍA COMÚN A TODOS LOS TEMAS

Hoy día muchas de nuestras fuentes consultadas se encuentran en **Internet**, de ahí que debamos señalar algunas **webs fiables**. Nos inclinamos por revistas electrónicas de prestigio en la didáctica general y en la educación física en particular, así como a los portales de las propias **consejerías** de educación de la comunidades autónomas. Todas ofrecen recursos didácticos, experiencias... y legislación aplicada.

Algunos ejemplos, son:

http://www.agrega2.es
http://recursos.cnice.mec.es/edfisica/
http://www.ite.educacion.es/es/recursos
http://www.educarm.es/admin/recursosEducativos#nogo
www.juntadeandalucia.es/educacion/descargasrecursos/curriculo-primaria/index.html
http://www.gobiernodecanarias.org/educacion/webdgoie/
http://www.educarex.es/web/guest/apoyo-a-la-docencia
http://www.catedu.es/webcatedu/index.php/recursosdidacticos
http://www.adideandalucia.es

TEMA 23

MÉTODOS DE ENSEÑANZA EN EDUCACIÓN FÍSICA. ADECUACIÓN A LOS PRINCIPIOS METODOLÓGICOS DE LA EDUCACIÓN PRIMARIA.

ÍNDICE

INTRODUCCIÓN

1. MÉTODOS DE ENSEÑANZA EN EDUCACIÓN FÍSICA.

   1.1. Concepto.

   1.2. Términos relacionados con método.

       1.2.1. El Método como Intervención Didáctica.

       1.2.2. El Método como Procedimiento de Enseñanza.

       1.2.3. El Método como Estilo de Enseñanza.

           1.2.3.1. Estilos de Enseñanza y comunicación-organización del grupo.

           1.2.3.2. Estilos de Enseñanza y tiempo de compromiso motor.

           1.2.3.3. Estilos de Enseñanza y posición del docente.

       1.2.4. El Método como Técnica de enseñanza.

       1.2.5. El Método como Estrategia en la Práctica.

       1.2.6. El Método como Recurso de Enseñanza.

2. ADECUACIÓN A LOS PRINCIPIOS METODOLÓGICOS DE LA EDUCACIÓN PRIMARIA.

CONCLUSIONES

BIBLIOGRAFÍA

WEBGRAFÍA

INTRODUCCIÓN

De forma genérica podemos afirmar que la metodología constituye el conjunto de criterios y decisiones que organizan, de forma global, la acción didáctica en el aula.

Centra su interés en cómo enseñar la materia a una persona concreta, de una edad fijada, en un determinado contexto y logrando que aprenda los contenidos (Gil, 2004). A esto debemos añadir que se trata de un individuo con unas características singulares y ritmos de aprendizaje diferenciados de los demás.

La ley 17/2007, de 10 de diciembre, de Educación en Andalucía (L. E. A.), indica que la metodología que empleemos *"será fundamentalmente activa y participativa, favoreciendo el trabajo individual y cooperativo del alumnado en el aula"*. Esto significa una metodología activa, no directiva, basada en la actividad **exploratoria**, de descubrimiento del propio alumno y alumna, y en una intervención docente de ayuda y **guía**, en función de las respuestas del alumnado y de las dificultades que vayan encontrando en la realización de las diferentes experiencias.

Niñas y niños encuentran en el medio que les rodea un cúmulo de problemas de todo tipo, incluido los motores, que deben superar, lo que les va a dotar de un gran bagaje experimental, capaz de ir modificando y desarrollando sus capacidades cognitivas, perceptivo-motrices y socioafectivas. Esto significa que es la actividad libre y espontánea la que en un primer momento responde a un modelo de enseñanza **globalizada**, donde los centros de interés son los propios alumnos, alumnas y sus vivencias motrices, donde conseguimos que participen, se motiven, autodescubran, imaginen, decidan y comuniquen, entre otros aspectos.

Un enfoque metodológico basado en las competencias clave y en los resultados de aprendizaje conlleva importantes cambios en la concepción del proceso de enseñanza-aprendizaje, cambios en la organización y en la cultura escolar; requiere la estrecha colaboración entre los docentes en el desarrollo curricular y en la transmisión de información sobre el aprendizaje de los alumnos y alumnas, así como cambios en las prácticas de trabajo y en los métodos de enseñanza (O. ECD/65/2015).

1. MÉTODOS DE ENSEÑANZA EN EDUCACIÓN FÍSICA.

La totalidad de este punto lo extractamos, fundamentalmente, de Delgado Noguera (1992, 1993, y 1996), aunque también nos apoyamos en Mosston (1978), Sánchez Bañuelos (1996), Posada (2000), Gil Morales (2001), Galera (2001), Sicilia (2001), Chinchilla y Zagalaz (2002), Fernández -coord.- (2002), Sicilia y Delgado Noguera (2002), Sáenz-López (2002), Joyce y otros (2002), Sánchez Bañuelos y Fernández, -coords.- (2003), Gil Madrona (2004), Annicchiarico, (2005), Román (2006), Calderón (2009) y Blázquez y otros (2010 y 2016).

1.1. CONCEPTO.

Un **método** de enseñanza *"es un conjunto de momentos y técnicas, lógicamente coordinados, para dirigir el aprendizaje del alumno hacia determinados objetivos"* (Delgado, 1992). El método **media** entre maestro, alumno y lo que se quiere enseñar. En este sentido amplio, podemos comprobar que el término "método" es empleado como **sinónimo** de todas aquellas expresiones que en didáctica conducen, dirigen, el aprendizaje del alumnado. Lo mismo ocurre con "**Intervención Didáctica**" y "**Procedimiento de Enseñanza**", que se entienden como muy generales.

La LOMCE/2013, nos indica que la *"metodología didáctica comprende tanto la descripción de las prácticas docentes como la organización de su trabajo"*. Por su parte, el R.D. 126/2014 **define** a la metodología didáctica como *"conjunto de estrategias, procedimientos y acciones organizadas y planificadas por el profesorado para el aprendizaje del alumnado y el logro de los objetivos planteados"*.

En España existen **dos** grandes **corrientes** de opinión, una de influencia **francesa** (Famose, Blázquez, etc.) y la otra de influencia **americana** (Mosston, Sánchez Bañuelos, Delgado, Sicilia y otros).

CORRIENTE	INTERVENCIÓN DIDÁCTICA	CATEGORÍAS
Francesa	Estrategias pedagógicas	Tareas definidas; semi definidas; no definidas
Americana	Estilos de enseñanza	Tradicionales; Individualizadores; Participativos, etc.

Zagalaz, Cachón y Lara (2014), establecen dos grandes grupos metodológicos:

a) Metodología basada en el **alumno/a**, haciéndolo partícipe de su propia educación: metodología **constructivista** o deductiva.
b) Metodología basada en el **docente**, el alumno/a se limita a obedecer y repetir: metodología **conductista** o inductiva.

Así pues, existen tantos criterios para definirlo y tantas utilidades diferentes, que *"lo más preciso es utilizar el término específico para cada función"*. (Delgado, 1992).

1.2. TÉRMINOS RELACIONADOS CON MÉTODO.

Los **términos** que analizamos, relacionados con el ámbito de lo que se entiende como método, son los siguientes, de modo resumido:

PUNTO	TÉRMINO	SIGNIFICADO
1.2.1.	Intervención Didáctica	Todas las acciones que el profesor realiza en el proceso de enseñanza-aprendizaje. Término **genérico**.
1.2.2.	Procedimiento de enseñanza	La forma general de conducir la enseñanza. Término **genérico**.
1.2.3.	Estilos de enseñanza	Especificación, concreción de la intervención educativa, por lo que **engloba** a numerosos aspectos: comunicación y organización grupal, tiempo de compromiso motor y la posición del docente con respecto al grupo. Término **específico**.
1.2.4.	Técnica de enseñanza	Cantidad de información a transmitir por el docente sobre lo que quiere enseñar. Término **específico**.
1.2.5.	Estrategia en la práctica	La progresión empleada en el aprendizaje de la habilidad. Término **específico**.
1.2.6.	Recursos	Los mediadores que se utiliza de forma concreta en la enseñanza: espacio, material, personas... Término **específico**.

1.2.1. EL MÉTODO COMO INTERVENCIÓN DIDÁCTICA.

La intervención didáctica constituye un concepto más **amplio** que engloba al método, porque se refiere a la actuación docente en el aula con sus diferentes manifestaciones:

- En la **planificación** y diseño de la clase, y sus correspondientes decisiones **preactivas**.
- En la acción organizativa, ejecutiva, etc. durante la sesión o fase **interactiva**
- En la **evaluación** y **control** del proceso de enseñanza-aprendizaje, lo cual comporta reflexionar sobre lo hecho y la adopción de unas medidas posteriores o **postactivas**.

Es, por tanto, un término **global** con que el que se quiere señalar toda actuación del profesor con la intención de enseñar y educar.

La intervención didáctica se concreta en el aula con una serie de interacciones didácticas:

- Interacción de tipo **técnico**. Técnica de enseñanza (comunicación).
- Interacción de tipo **organizativo**. Control de la actividad (distribución y evolución de los alumnos durante la clase: masiva, grupos, recorridos, distribución trabajo-pausa, etc.).
- Interacción de tipo **socio-afectivo**. Relaciones interpersonales (clima en el aula).

1.2.2. El MÉTODO COMO PROCEDIMIENTO DE ENSEÑANZA

El D.R.A.E. define el procedimiento como la acción de proceder, esto es, el modo, forma, y orden de comportarse y gobernar uno sus acciones, bien o mal. También como el método de ejecutar algunas cosas, por lo que es un término genérico que no especifica ninguna conducta docente.

1.2.3. EL MÉTODO COMO ESTILO.

Los estilos de enseñanza muestran cómo se desarrolla la **interacción** profesor-alumno en el proceso de adopción de decisiones y para definir el rol de cada uno en ese proceso. Pueden ser definidos como "*los modos o formas concretas que adoptan las relaciones entre los elementos personales del proceso educativo, y que se manifiestan, precisamente, en la presentación que el profesor hace de la materia o de los aspectos de la enseñanza*" (Sánchez Bañuelos, 1996). Fernández y Sarramona, citados por Delgado (1992) y Sicilia y Delgado (2002), lo entienden como "*la forma peculiar que tiene cada profesor de elaborar el programa, aplicar el método, organizar la clase y relacionarse con los alumnos; es decir, el modo de conducir la clase*".

En definitiva, el estilo de enseñanza es una forma peculiar de interacción con los alumnos que se manifiesta antes, durante y después de la sesión. Especifica a varios parámetros: técnica de enseñanza, estrategia, recursos, organización, etc.

El estilo de enseñanza manifiesta la personalidad del maestro o maestra y ha de adaptarse al alumnado, a la materia enseñada, a los objetivos pretendidos, al contexto de la clase, a las interacciones, etc.

El docente eficaz deberá dominar diferentes estilos de enseñanza, que aplicará según un análisis previo de la situación, los combinará adecuadamente según los objetivos y los transformará para crear otros nuevos, como un proceso abierto de **investigación** en el aula, que no ha de considerarse cerrado.

La **propuesta** de **clasificación** de los estilos de enseñanza que hacemos es la de Delgado (1992), basándose en otros autores, como Mosston, (1978):

RESUMEN DE LOS ESTILOS DE ENSEÑANZA (Delgado, 1992)		
TRADICIONALES	INDIVIDUALIZADOS	PARTICIPATIVOS
- M. Directo - M. D. Modificado - A. Tareas	- Grupos Nivel - E. Modular - Prog. Individual	- E. Recíproca - Gr. Reducido - Microenseñanza
SOCIALIZADORES	COGNITIVOS	CREATIVOS
- A. Cooperativo (grupos). - Juego de Roles - Simulación social - Análisis Tema Público	- Descubrimiento Guiado - Resolución Problemas	- Libre Exploración - Sinéctica Corporal - Tormenta Ideas Motrices

No obstante, Navarro (2007), "asimila" estos grupos de estilos a tres grandes conjuntos de "**estrategias de enseñanza-aprendizaje**". Son orientadoras del proceso habida cuenta que dirigen todo planteamiento didáctico con arreglo a un paradigma funcional y emancipador:

- **Estrategia Instructiva**. El maestro toma la mayor parte de las decisiones. Hay una información general masiva y un conocimiento de resultados de índole individualizado. Como ejemplo citamos al Mando Directo, Asignación de Tareas, Grupos de Nivel, Programas Individualizados, etc.
- **Estrategia Participativa**. Fomentamos la participación del alumnado en tareas docentes: observa y corrige, toma decisiones sobre contenidos etc., por lo que se trata de compartir las tomas de decisiones entre maestro y alumno. Como ejemplo tenemos al estilo de Enseñanza Recíproca, Micro enseñanza y Grupos Reducidos.
- **Estrategia Emancipadora**. El alumnado toma decisiones sobre su propia motricidad, sobre cómo resolver las actividades, etc. Los estilos de Descubrimiento Guiado y Resolución de problemas son dos ejemplos.

No obstante, Delgado (2015) afirma que los estilos de enseñanza están en continuo proceso de cambio, adaptándose a los nuevos ámbitos y tendencias educativas, por ejemplo el uso de las PDI. Por ello cabe pensar que en unos años habría que destacar a los estilos de enseñanza que usan las TIC, es decir, "**estilos de enseñanza tecnológicos**".

En esta línea, Contreras (2009) indica que "se podría considerar que los estilos de enseñanza tecnológicos **no** tienen que tener una **categoría aparte** ya que los todos los estilos de enseñanza se pueden **aplicar** las nuevas tecnologías. No obstante, la relación que se establece en la comunicación, la organización y las relaciones socio afectivas son muy peculiares con el uso de las nuevas tecnologías".

Nosotros nos decantamos por establecer el/los estilo/s tecnológico/s dentro de los llamados "productivos", es decir, el alumno es quien "produce" la respuesta a través de los datos y orientaciones que le facilitamos. Por ejemplo:

- Aplicar una búsqueda guiada de información en Internet a través de la herramienta de la Webquest, o a través de plataformas, como Kahoot!
- Realizar un trabajo a partir de una presentación para intercambiar ideas usando Prezi, Power Point, Impress, etc.
- Desarrollo de actividades interactivas con otras herramientas, como Hot Potatoes, etc.
- Ídem, pero dentro de webs como la del "Proyecto Ludos" a través de la PDI del aula.
- Juegos con el uso de la consola de videojuegos que implican movimientos coordinativos, por ejemplo la "Eye Toy" o la Wii "Fit".
- Aplicaciones (App) educativas usadas en tabletas y móviles:
    - **Teacher Kit**: permite controlar la asistencia, comportamientos, incidencias (registro anecdótico), las calificaciones, la colocación de los alumnos en el aula, importar y exportar datos, y además permite la sincronización con Dropbox.
    - **ITeacher book**: nos permite tener todo organizado: agenda, aula/gimnasio, horario, alumnos (con su fotografía y correo), tareas, enviarles correo, calificar, generar reportes, etc.

Todavía las "**redes sociales**" no están reconocidas como una técnica, estrategia o método de enseñanza, pero están generando profundos **cambios** en la forma de **comunicarnos** y **relacionarnos** Hay redes sociales del deporte, como **Quendda**, **Amatteur**, Sporttia, Sportyguest, etc. También debemos destacar las "**comunidades de aprendizaje virtuales**", usadas por docentes para comunicación e intercambio de información (Zagalaz, Cachón y Lara, 2014).

En cualquier caso, debemos regirnos por lo expresado en el DCB, es decir, hacer un tratamiento **global** de la enseñanza, acorde a cómo lo **percibe** el alumnado de estas **edades**, y por el uso de técnicas y estilos favorecedores del desarrollo de las habilidades comunicativas y sociales, de autonomía en el trabajo, el aprender a aprender, la afectividad y creatividad, tal y como nos indican las CC. CLAVE en sus definiciones, así como en las finalidades de la E. Primaria (MEC, 2006) y J. de Andalucía (2007).

A) ESTILOS TRADICIONALES.

Han sido fundamentalmente transmisores con los principios y características de la Didáctica Tradicional y se han relacionado con épocas en que la jerarquización social y política ha estado vigente. Todos ellos se centran en el orden y la tarea de enseñanza, siendo ésta eminentemente **transmisora**. En tiempos pasados fue muy exclusivo por ser extrapolado del mundo deportivo, a la búsqueda de la eficiencia motriz.

Se trata de repetir ejercicios físicos creados por el maestro. Éste transmite el modelo de lo que hay que hacer, el alumno atiende, obedece y responde; no hay enseñanza activa por su parte. Distinguimos, a:

- **Mando directo**.

El docente lo decide todo, el esquema de planificación es lineal, clásico, y el trabajo es masivo. Los alumnos están organizados en el espacio en "formaciones".

Hay una explicación y demostración, repetición total y masiva del ejercicio siguiendo voces de mando y ritmo-repeticiones, etc. El docente da una valoración global sobre lo ejecutado y su posición es destacada.

- **Mando directo modificado**.

Respecto al anterior no es tan formal, hay un control menos estricto del alumnado. Éste puede cambiar su posición estática. La "modificación" es una "**rebaja**" en alguna de sus características.

- **Asignación de tareas**.

La planificación es más flexible, el maestro puede hacer otras cosas, y no tiene que estar pendiente del conteo rítmico. La atención se centra más en la tarea, tanto por el docente como por el alumnado. El maestro da la información inicial, el conocimiento de resultados, la instrucción directa por modelos y el inicio y cese de la actividad por señales. El **ritmo de ejecución es variable** ya que cada alumno actúa en función de su capacidad, por lo que algunos lo entienden también como un estilo de enseñanza individualizado (Cañizares y Carbonero, 2007). Su posición para explicar es fuera del grupo y destacada.

La organización es flexible, la posición del docente depende de la tarea que se ejecute y la disciplina y control es menos dependiente. Hay varias opciones de organización: Masiva, Grupos; Individual, etc. Si bien se suele asimilar este estilo a los **circuitos**, no siempre es necesario este tipo de organización grupal al usar la asignación de tareas.

La relación entre profesor y alumno se mejora recíprocamente, hay un cambio motivacional y afectivo. El docente ya no tiene toda la responsabilidad, y el alumno tiene más.

B) ENSEÑANZA INDIVIDUALIZADA.

Consiste en contemplar distintos niveles de ejecución de la tarea porque traspasa al alumnado una decisión más: ¿En qué nivel de ejecución de la tarea debo comenzar? Es un estilo que viene muy marcado por el D.C.B. y consiste en adaptar al individuo el aprendizaje según su ritmo personal, madurez motriz, capacidad de rendimiento, interés, etc.

Distinguimos a:

- **Trabajo por grupos: "Grupos de nivel" o individualización por niveles**.

Hay que hacer una **evaluación inicial** por parte del docente o también con la ayuda de los alumnos (éstos se auto evalúan y se sitúan en el nivel que creen tener, para ubicar a chicas o chicos en dos o tres sub-grupos con distintas intensidades). Se necesita mayor madurez del grupo individualmente, que sepan trabajar por sí mismos aunque no esté el profesor delante. Puede haber un calentamiento común para todos y específico por sub-grupo. Cada uno debe tener un área delimitada de trabajo para no crear interferencias. Por ejemplo, establecer tres líneas de obstáculos para practicar la habilidad del salto o tres kilajes distintos para el uso del balón medicinal.

Se intensifican las interacciones intra grupos y desciende en inter grupos. Maestras y maestros se centran en la tarea a enseñar y el alumno en lo que tiene que realizar a su **propio ritmo** de aprendizaje.

- **Enseñanza modular.**

    Tiene todas las características del anterior, pero en este caso al alumnado se le ofertan diferentes actividades a practicar y él elige según sus intereses. Requiere mayor responsabilidad y compromiso para trabajar. Es efectivo aplicarlo cuando hay compatibilidad en el horario entre profesores y coinciden en el patio, para repartirse mejor las actividades. Por ejemplo, un docente enseña a cada sub-grupo Mini-Basket, otro Expresión y otro Fútbol-7. En muchas ocasiones, los módulos ofertados son "obligatorios", por lo que se establece una circulación entre ellos.

- **Programas individuales.**

    Se trata de planes personalizados para cada alumna o alumno en función de sus necesidades. En ocasiones es el maestro de apoyo o en prácticas quien lo realiza.

    - <u>Lista de Comprobación</u>. Utilizando unas hojas de observación y descripción de la tarea a realizar, el alumno anotará en ella el trabajo que realice.
    - <u>Programa Individual Cuantitativo</u>. Es como el anterior, pero el tipo de trabajo que hay que señalar es sólo cuantitativo respecto a lo que se está haciendo: repeticiones, series, etc.
    - <u>Programa Individual Cualitativo</u>. El alumno debe se capaz de observar criterios cualitativos de la ejecución, tanto con respecto a sí mismo como de los demás. En la hoja de registro deben estar claros los criterios de ejecución, la escala de valoración, y cómo se efectuará el registro.
    - <u>Programa Individual Mixto</u>. Es una combinación de los anteriores, para llevarlo a cabo es preciso haber trabajado los precedentes.

C) ESTILOS PARTICIPATIVOS.

Tratan de implicar más al alumnado en el aprendizaje, dándoles libertad y autonomía. La mejor solución es que los alumnos puedan observarse unos a otros El propio escolar aprenderá más ya que, al observar al compañero, le servirá para mejorar su propia ejecución. Tienen muchos rasgos de la enseñanza **cooperativa**.

Destacamos a:

- **Enseñanza recíproca**

    Tras las explicaciones del maestro, se agrupan en parejas. A partir de aquí uno observa al otro para darle conocimiento de resultados que, incluso, anota en una hoja de observación sus aspectos más relevantes. Se fomentará la atención selectiva en el alumnado para que sea capaz de analizar y emitir juicios sobre la habilidad. Por ejemplo, botar prestando atención a determinados aspectos, como la posición de caderas.

- **Grupo reducido**

    Para grupos de 3 a 5 componentes. Cada uno tiene un rol y va rotando cada cierto tiempo. Por ejemplo, realizar un test. A la labor de ejecutante y observador se añade la de un anotador. El conocimiento de resultados se da por parte del observador y anotador. Los medios multimedia nos permiten organizar los subgrupos cuando estamos planificando la U. Didáctica y enviar al alumnado nuestra propuesta por la plataforma de enseñanza virtual habitual, como Moodle. De esta manera ganamos tiempo y evitamos que se formen grupos no deseados. Podemos incluir la ficha de recogida de datos, instrucciones, etc., así como la manera de enviar, telemáticamente también, los resultados.

- **Micro enseñanza**

Alrededor del maestro o maestra hay un núcleo central de 5 ó 6 alumnos-monitores. El docente trasmite la información a éstos que, a su vez, la pasarán al resto de los alumnos. Este núcleo puede participar en el diseño de las tareas si está preparado para ello, aportar variantes de los ejercicios en la sesión, e incluso en la evaluación, hacer comentarios críticos sobre la clase y evaluación del propio compañero. Las relaciones que se crean son del profesor al núcleo central, y de éste con el resto del alumnado.

D) ESTILOS SOCIALIZADORES.

Socialización es el proceso que transforma al individuo biológico en uno **social** por medio de la transmisión y el aprendizaje de la cultura de su sociedad. Es aprender a ser buen ciudadano por medio de la transmisión de valores sociales en un sistema de convivencia democrática como es el aula. Los estilos socializadores son aquellos donde el aprendizaje es compartido, **cooperativo**, entre iguales, donde se "aparcan" los objetivos del aprendizaje motor insistiendo en la colaboración social.

La mejor forma de trabajar la socialización es con la formación de grupos y el trabajo en **grupos**, con el objetivo de desarrollarla. Existen otros estilos de enseñanza que utilizan al trabajo en grupo, pero su objetivo no es de manera especial el fomento de la socialización, sino una forma de agrupación del alumnado (Delgado, 1992).

Precisamente, el Área de Educación Física tiene una especial disposición para desarrollar todos los factores de la socialización, como la formación de equipos para jugar o para el fomento de actitudes cooperativas (Orlick, 2001). En la socialización podemos **destacar** los siguientes aspectos a educar: **convivencia, cooperación, cohesión, respeto, trabajo en equipo** y **sensibilidad** hacia los demás, afán de **superación** y **esfuerzo**.

Entre los estilos de enseñanza que están dentro de la categoría de "socializadores", podemos subrayar, por su interés y aplicación en la enseñanza de la Educación Física, al aprendizaje cooperativo:

- **Aprendizaje cooperativo (grupos).**

En los últimos años raros son los foros sobre metodología que no se comente sobre el aprendizaje cooperativo. Es de las formas de enseñanza más usadas desde finales del siglo XX como **alternativa** a las prácticas meramente transmisoras e individualistas. Cada vez cobra más valor el hecho de contemplar el desarrollo de las actitudes de cooperación (Curto y otros, 2009).

El aprendizaje cooperativo, en resumen, es el uso de la educación de pequeños grupos heterogéneos, en los que el alumnado trabaja conjuntamente para aumentar su aprendizaje y el del resto del grupo (Velázquez, -coord.- 2010).

Es una forma sistemática de organizar la realización de tareas en pequeños grupos/equipos heterogéneos, para cumplir unos objetivos propuestos de tipo social, personal y didáctico. Por ello, sus componentes se ayudan mutuamente, resuelven dudas y se preguntan entre sí y lo que haga cualquier miembro repercute en los demás. Aprenden más por la interacción que se produce que por los conocimientos que les dé el maestro o maestra. Cultivan, en suma, lo que es trabajar juntos como un contenido más (Baz, 2006).

Cada alumno únicamente logra sus objetivos si el resto de sus compañeros del grupo también los consigue, con lo que o todos ganan o todos pierden. Existe una interrelación positiva entre las acciones del alumnado que se proviene de la interdependencia positiva entre sus logros. Nos basamos en que el hecho de compartir objetivos hará que ellas y ellos se esfuercen y trabajen juntos para acrecentar su aprendizaje y el de los demás (Velázquez, -coord.- 2010).

No obstante, podemos encontrarnos con el "**efecto polizón**", es decir, un miembro del grupo menos capaz o desmotivado, dejan que los demás completen sus tareas, por lo que debemos estar muy atentos para actuar según el caso (Velázquez, -coord.- 2010).

Abarca una extensa gama de denominaciones y tipologías: Método de Investigación de Dewey, Método de Proyectos de Kilpatrick y Centros de Interés de Decroly, entre otros (Gallardo y Camacho, 2008). Todos ellos son susceptibles de realizarse grupalmente.

Lo más significativo en su aplicación didáctica, es:

- El **maestro** realiza la parte informativa: explicar el trabajo y los objetivos que se pretenden. Por otro lado controla la organización de los sub-grupos y propone las actividades, que estarán relacionadas con el ejercicio físico o con temas de interés social; orienta el trabajo y realiza el informe final. Puede tener un rol secundario.
- El **grupo**, que votará a un representante, trabaja con independencia, genera y elige normas democráticamente. En caso de trabajos teóricos se establecen reuniones periódicas.
- La **evaluación** se hará de forma grupal, siendo ellos los responsables de establecer la forma de actuación. El docente deberá conocer el nivel de participación y asignación de tareas de cada uno y la división técnica del trabajo realizado.

Con una metodología cooperativa obtenemos mayores rendimientos y resulta más eficaz que otra de tipo individual o competitiva ya que favorece la integración con al alumnado con n. e. a. e., la interacción con grupos heterogéneos, etc. (Johnson y Jonhson, 1999).

Además, **Internet** nos ofrece herramientas para trabajar de forma **cooperativa en red**. Algunas **plataformas** educativas muy actuales, son: Brainly; Docsity; Educanetwork; Edmodo; Eduredes; Eduskopia; Misdeberes.es; Otra Educación; RedAlumnos; The Capsuled; etc.

No es lo mismo aprendizaje en grupo que cooperativo. El primero implica al segundo, pero no al contrario. Para trabajar cooperativamente necesitamos tener en cuenta una serie de características (Velázquez -coord.-, 2010):

- Formación de grupos.- Pueden formarlos los propios alumnos, pero deben ser **heterogéneos** en sexo, procedencia social, actitudes de colaboración, interacción positiva, etc.

- Interdependencia positiva.- Existe cuando el aprendizaje exige conectar el logro de un alumno al del otro. Cada miembro tendrá una función que complementará la de los demás, es decir, el éxito de cada alumno es contingente al del resto porque si uno falla los demás no podrán conseguir sus objetivos.

- Responsabilidad individual.- El alumnado debe entender que son responsables de su aprendizaje y del de sus compañeros. Todos tendrán en cuenta que cada uno acepte, comparta, atienda y apoye a los demás.

- Habilidades de colaboración.- El alumnado las aprende cuando las aplica en situaciones de aprendizaje de las diversas áreas. Algunos ejemplos son animar y apoyar a los demás, saber escuchar, criticar positivamente las ideas pero no las personas, expresar satisfacción por el éxito de otros, etc.

Otros estilos socializadores, son:

- **El juego de roles**. Estudio de la conducta y valores sociales. Cada uno asume un papel dentro del grupo (Zagalaz, Cachón y Lara, 2014).
- **El método de simulación social**. Juegos interactivos. Representar, por ejemplo, un juicio.
- **Análisis de temas públicos**. Hechos de actualidad como el doping o la violencia en el deporte, se investigan por el alumnado en clase.

E) ESTILOS COGNOSCITIVOS.

Corroboran el valor de la Educación Física en la implicación cognitiva del alumnado, favoreciendo la toma de decisiones. Se aplica a situaciones tácticas, tareas abiertas en las habilidades básicas y genéricas, expresión corporal, etc.

Destacamos a:

- **Descubrimiento guiado**.

El maestro conduce al alumnado hacia el hallazgo de **una única idea** mediante una secuencia elaborada de preguntas a las que va respondiendo el alumno ("proceso convergente de descubrimiento"). Mediante este estilo niñas y niños pueden descubrir conceptos, reglas, etc.

Su esencia es la dependencia que existe entre la respuesta que se espera del alumno y los indicios que le proporciona el maestro. Este estilo requiere estar muy pendiente del proceso y tener un gran conocimiento de la materia. Es más indicado en tareas de tipo individual que en colectivas.

- **Resolución de problemas**.

A diferencia del anterior, el alumno llega a descubrir **varias alternativas** distintas a una situación problema que se plantea. Por ejemplo, ¿cómo podemos driblar al contrario en Mini Basket? El alumno debe **encontrar** las respuestas con total **independencia**, produciendo sus propios movimientos y analizando su validez con respecto al problema.

Fomenta el pensamiento divergente porque hay mayor número de respuestas cognitivas y provoca la realización experimental de más respuestas. Hay más libertad, participación individual y alternativas.

F) ESTILOS CREATIVOS.

Forma un estilo independiente. La creatividad se considera como un **paso superior** a la Resolución de Problemas. Se utiliza en expresión, en la investigación de nuevos recursos materiales, etc. Tiene carácter abierto y fomenta el pensamiento divergente y la libre expresión del individuo, creando nuevos movimientos.

Destacamos a:

- **Diseño previo-Libre exploración**.

El docente presenta la idea y posibilita el material o medios que necesiten, dejando actuar al alumnado. Ellas y ellos muestran sus propuestas.

Se aplica a contenidos relacionados con expresión corporal, mimodrama, teatro, actividades interdisciplinares, planteamientos de juegos creativos, etc.

- **Sinéctica Corporal**.

La sinéctica educativa intenta desarrollar la creatividad a través de la utilización de formas metafóricas, analogías, símiles, etc. con el fin de construir nuevas visiones de la realidad (Gil, 2003). Muy aplicable en **expresión**, **cuento-motor**, etc. (Conde, 2001). Por ejemplo, construir una figura a partir de los recursos móviles del gimnasio: picas, conos, pelotas, etc. (Hidalgo, 1997).

- **Lluvia de Ideas Motrices**.

A partir del planteamiento de un problema por el docente, el grupo expresa en voz alta una serie de ideas de forma desinhibida. Todas se anotan y se seleccionan las más **idóneas** para su aplicación como solución al problema o situación de partida. Por ejemplo, si el docente desea que el alumnado "invente" unas reglas para un juego nuevo, o cómo llevar a cabo una actividad de expresión, etc. (Gil, 2003).

1.2.3.1. ESTILOS DE ENSEÑANZA Y COMUNICACIÓN/ORGANIZACIÓN DEL GRUPO.

Íntimamente **unido** a los Estilos de Enseñanza están los parámetros de: **comunicación** y **organización** del grupo.

a) La comunicación al grupo y entre el grupo.

Comunicación es el intercambio de significado entre personas. En cualquier estilo de enseñanza hay que manejar una información que es comunicada por el docente al alumnado, así como la que se da entre ellos. Los canales que se utilizan, son:

- **Visuales**.

    Consiste en exponer la tarea de enseñanza a realizar en su totalidad o por partes. Puede mostrarla el profesor (modelo docente), alumno auxiliar, gráficos de un libro o cuaderno, etc.

    En los últimos años tiene mucha importancia la información visual transmitida por vídeo, transparencias, diapositivas, programas informáticos, Internet, etc., por lo que está más relacionada con estilos de índole cognitiva, creativa...

    Las autoscopias (verse en una grabación realizada con anterioridad), son muy convenientes en el aprendizaje de ciertas habilidades específicas, aunque normalmente en nuestro ámbito no están muy arraigadas y son más propia del ámbito deportivo. En cualquier caso, en los últimos tiempos el tema de la grabación de imágenes con menores se ha vuelto muy sensible en la sociedad.

- **Auditivos**.

    Es la expresión verbal detallada de un movimiento global o analítico mediante el cual el alumno debe formarse una imagen mental. Es buena para tareas sencillas y grupos numerosos. El docente debe hablar pausadamente, con lenguaje comprensible, poniendo énfasis en los aspectos fundamentales. El **silencio** mejora la percepción. Es propia de estilos tradicionales, individualizadores, etc., aunque también en los cognitivos, sobre todo en el "descubrimiento guiado". Es muy usada en el conocimiento de resultados.

    También contemplamos en este apartado a las "ayudas sonoras", por ejemplo, escuchar el ruido que produce el balón en el toque de dedos de voleibol, el "beep" de la señal acústica del test de la "Course Navette", las grabaciones en MP3 que usamos en determinadas técnicas de relajación, etc.

- **Kinestésico-táctiles**.

    Es la manipulación que hacemos al alumno para que realice bien una habilidad. Distinguimos a dos:

    - Ayuda manual. Es la acción del profesor sobre el alumno, de tal forma que le conduce a obtener sensaciones de un movimiento bien hecho. Por ejemplo, la corrección cervical en la voltereta o la posición de manos y dedos en el toque alto de voleibol.
    - Ayuda automática. Es la información sensorial de un movimiento, alterando las condiciones de ejecución, proporcionando seguridad al alumnado y manteniendo el gesto durante más tiempo. Por ejemplo, la utilización de las tablas de corcho sintético para las propulsiones en natación.

- **Multimedia**.

    Independientemente de estas formas "tradicionales de comunicación", en los últimos años ha irrumpido con fuerza la **comunicación virtual**, a través de programas de ordenadores y App para tabletas y móviles (Blázquez -coord.-, 2016). Por ejemplo, la Plataforma de Aprendizaje Virtual Moodle, donde el docente comunica al grupo y éste entre sus componentes, determinados aspectos previos a tener en cuenta para las sesiones de clase o posteriores, relacionados con la **enseñanza y/o evaluación**. Otros ejemplos, son:

1) **Assessmate**: una App que ayuda a construir rúbricas. Puede servir también como herramienta para involucrar al alumnado en su auto evaluación.
2) **Gradekeeper**: una herramienta que sirve para evaluar, pasar lista, hacer un diagrama con los sitios físicos que ocupa cada uno en el aula, crear categorías de tareas y asignar diferentes pesos a cada tipo de categoría.
3) **Markup**: los alumnos envían su trabajo a un correo asignado por esta App y, con nuestra tablet, recibirlos y calificarlos, poder comentarios, tachar, etc.
4) **Estiramientos**: aplicación que enseña a estirar los grupos musculares concretos.
5) **CoRubrics**: Sirve para que el profesor evalúe a su alumnado con una rúbrica y también para que los alumnos se evalúen entre ellos con una rúbrica. NOTA: Una **rúbrica** es un conjunto de criterios, habitualmente relacionados con objetivos de aprendizaje, que se usan para evaluar el nivel conseguido en una tarea. Se trata de una herramienta de calificación utilizada para realizar evaluaciones objetivas; un conjunto de criterios y estándares ligados a los objetivos de aprendizaje usados para evaluar la actuación de alumnos en la creación de artículos, proyectos, ensayos y otras tareas. Las rúbricas permiten estandarizar la evaluación de acuerdo con criterios específicos, haciendo la calificación más simple y transparente.
6) **Symphonical**: responde a la aplicación de metodologías docentes activas para mejorar el proceso de aprendizaje de nuestros alumnos, máxime si próximamente debemos evaluar por competencias. Es como una "pizarra digital", donde cada uno cuelga sus trabajos colaborativos.

b) La organización del grupo.

Organización es *"un recurso que nos permite distribuir adecuadamente todos los elementos que configuran nuestra acción"* (Sánchez Bañuelos, 2003). Por lo tanto, son una serie de **medidas** que usamos para articular los elementos que intervienen en el proceso de enseñanza y de aprendizaje.

*"Un **grupo** es un conjunto estructurado de personas que entran en interacción y viene definido por sus fines, su estructura interna y su sistema de comunicación"* (Gil, 2007).

Viene determinada en gran medida por el estilo utilizado. Las formas organizativas son un elemento esencial que permiten una intervención pedagógica **eficaz**, ya sea en función del ahorro de tiempo -lo que supone una optimización de éste-, ya sea en aspectos de seguridad referentes a colocación y manipulación del material, ganar tiempo o, simplemente, mejor visibilidad de los alumnos para permitir una buena corrección (Blázquez y otros, 2010).

Destacamos los siguientes tipos de organización, según el mayor o menor grado de **control** del docente sobre el grupo:

- De tipo "**formal**". Se suele corresponder con organizaciones de tipo "frontales", propia de los estilos tradicionales.

- De tipo "**informal**". Encaja con distribuciones de tipo "dispersa", como la usada en estilos participativos y cognitivos.

- De tipo **"semi-formal"**. Es la habitual en los sub-grupos de nivel y en los "circuitos".

A partir de ello podemos concretar estas posibilidades desde un punto de vista **numérico** (Trigueros, 2002):

- **Organización individual.** Cada alumno realiza la actividad sin ayuda de otro, tiene un ritmo autónomo. Correr o estirar los gemelos, por ejemplo. También es el caso de un alumno que, por cualquier motivo, no puede hacer lo mismo que el resto.

- **Organización en parejas.** La tarea necesita la colaboración de dos, como pases.

- **Organización en grupos pequeños.** De tres o cuatro para, por ejemplo, hacer juegos de relevos o constituir los grupos de un circuito coordinativo.

- **Organización en grupos coloquiales.** Alrededor de ocho componentes. Por ejemplo, manejo de paracaídas en juegos cooperativos o hacer grupos de nivel.

- **Organización global del grupo.** Ya son todas y todos quienes trabajan al unísono, en gran grupo. Por ejemplo, al hacer una coreografía.

1.2.3.2. ESTILOS DE ENSEÑANZA Y TIEMPO DE COMPROMISO MOTOR.

El estilo empleado y, sobre todo, la organización marcan la **relación trabajo-pausa**, es decir, cuánto tiempo el alumno "se mueve" y cuánto descansa. Distinguimos a (Sáenz-López, 2004):

- **Práctica simultánea.** Todo el grupo hace al mismo tiempo la tarea, nadie está quieto, por ejemplo el juego del "pillar".

- **Práctica alternativa.** Se produce cuando dividimos al grupo en sub-grupos de parejas. Uno realiza la tarea, por ejemplo flexiones de tronco, y el otro "descansa" o tiene una participación muy relajada, por ejemplo sujetarle los pies al compañero que realiza flexiones de tronco.

- **Práctica sucesiva.** Se da en sub-grupos de cinco, seis... componentes. Uno realiza la acción, por ejemplo botar a lo largo de un espacio marcado, y los demás esperan turno. Es el típico caso del juego de relevos.

1.2.3.3. ESTILOS DE ENSEÑANZA Y POSICIÓN DEL DOCENTE.

Las organizaciones implican la **posición** del maestro con respecto al grupo. (Bernal -coord.-, 2005):

- **Posición interna, dentro del grupo.** Somos uno más del grupo. Es primordial para atender individualidades, correcciones particulares, dar retroalimentación, etc. Propia de estilos creativos, cognitivos, individualizadores...

- **Posición externa al grupo o focal.** Permite que todo el grupo pueda ver y atender nuestras explicaciones. Desde esta posición visualizamos la actividad del grupo en conjunto y es adecuada para organizar la actividad y dar información e instrucciones. Es más habitual cuando usamos estilos tradicionales ya que controlamos mejor al grupo.

- **Posición tangencial**. Se suele dar en posiciones grupales circulares, como es el caso de jugar con un paracaídas o soga circular gigante. El maestro se coloca en una posición tangente al grupo.

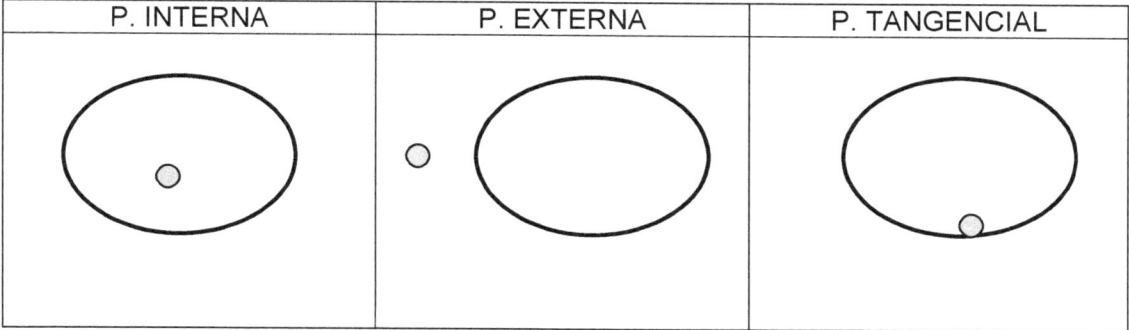

Depende del dinamismo del docente para estar en estas ubicaciones con una actitud más o menos estática.

1.2.4. EL MÉTODO COMO TÉCNICA DE ENSEÑANZA.

El D.R.A.E. define la técnica como el conjunto de procedimientos y recursos de los que se sirve una ciencia o un arte, y como la pericia o habilidad para usarlos. Técnica quiere decir saber hacer con conocimiento de causa.

La técnica de enseñanza tiene como objeto la **comunicación didáctica**, *los comportamientos del profesor relacionados con la forma de verter la información, la presentación de las tareas que han de realizar los alumnos y todas aquellas reacciones del profesor referidas a la actuación y ejecución de los alumnos* (Delgado, 1996).

Está constituida por la información inicial o instrucciones y el conocimiento de los resultados o ejecución (feed-back). Distinguimos a:

- Técnica de enseñanza por **instrucción directa**. Basada en el modelo del docente o deductivo. Es preciso seleccionar la información, que suele ser **abundante**, para que el alumnado no se equivoque y siga paso a paso las indicaciones para aprender mecánicamente la habilidad. Es más eficiente y rápida, pero el alumno tiene un rol más pasivo. Es una metodología de tipo **reproductiva**, por lo que está relacionada con los estilos tradicionales, individualizadores y participativos, entre otros.

- Técnica de enseñanza por **indagación**. Fundamentada en el modelo inductivo. Se aplica la resolución de problemas y el descubrimiento, para que el alumnado encuentre la solución. Hay que dar muy **poca** información, para que el alumno piense y produzca la respuesta (metodología **productora**), por lo que se aprende a aprender, aunque sea más lento. Es una metodología **investigadora** por parte del alumno. Dada sus características, se corresponde con los estilos creativos y cognitivos.

1.2.5. EL MÉTODO COMO ESTRATEGIA EN LA PRÁCTICA.

La estrategia en la práctica es la forma particular de abordar los diferentes ejercicios que componen la **progresión** de la **enseñanza** de una determinada habilidad motriz. Sigue alguna de las vías del proceso del pensamiento, como la **síntesis** y el **análisis**. En la didáctica han sido conocidas tradicionalmente como método sintético o global y método analítico.

La estrategia **analítica** (análisis) procede de la **descomposición** de los elementos; la síntesis va de lo específico (de cada parte) hacia lo global. Es más propia de tareas complejas y de alta organización, como ciertas destrezas gimnásticas, deportivas y atléticas (mortal, triple, etc.)

La estrategia **global** persigue la práctica del gesto en su **totalidad** debido, sobre todo, a la simplicidad del mismo. Supone el tratamiento del conjunto de la tarea encomendada. Es más apropiada para tareas simples y de baja organización. Por ejemplo, las habilidades básicas.

La estrategia **mixta** se genera por combinación de ambas.

a) **Global**. El modelo se realiza por completo. Sus posibilidades, son:

- **Planteamiento global puro.** La tarea motriz se enseña presentándola de forma global. Por ejemplo, se plantea la ejecución de una voltereta adelante y se le ofrece al alumno la gestoforma y se le insta a que la realice. Con este planteamiento se aprenden preferentemente tareas simples y de poca organización.

- **Global localizando la atención.** Práctica global poniendo énfasis en la ejecución de algún aspecto que interesa destacar. Por ejemplo, en la realización de la voltereta se hace hincapié en que el cuerpo debe estar muy bien agrupado.

- **Global modificando la situación real.** La tarea propuesta se ejecuta en la totalidad, pero las condiciones de realización se modifican para que la ejecución se vea facilitada. A medida que el alumno va dominando la ejecución, las condiciones se las iremos presentado cada vez más parecidas a las reales. Por ejemplo, la voltereta antes mencionada, pero ayudándose de un plano inclinado para favorecer el rodamiento.

b) **Analítica**. El "todo" se descompone en partes y se practica por separado. Sus variantes, son:

- **Analítica secuencial.** La tarea se divide en secuencias y se ejercitan aisladamente, pero de manera que antes de pasar a practicar una nueva habrá que dominar la anterior. Se comienza por la primera parte en orden temporal y al final se llega a la práctica global realizando la tarea completa. Por ejemplo, partes: A, B, C, D; analítica secuencial: A/B/C/D/A+B+C+D.

- **Analítico puro.** El maestro fracciona el gesto en partes y se practican por orden de importancia, pero de forma aislada. Cuando cada una de las partes ha sido asimilada, se realiza la gestoforma completa. En el caso del salto de altura (rodillo ventral), por ej. su técnica consta de cuatro fases sucesivas que por este orden son: "A" carrera de impulso; "B" batida; "C" paso o franqueo del listón; "D" caída. Puede enseñarse en este orden: "B", "C", "D", "A", para una vez aprendidas las partes terminar realizando A+B+C+D.

- **Analítico progresivo**. La práctica comienza con un solo elemento y una vez dominado éste se le van añadiendo progresivamente otros hasta la ejecución total de la tarea. Por ejemplo, partes: A, B, C, D; analítico progresivo: A / A+B / A+B+C / A+B+C+D.

- **Analítica progresiva inversa**. Es una variante de la progresiva, pero en lugar de comenzar por el principio, se inicia por la última parte y se van uniendo elementos en orden hasta completar el movimiento. Por ejemplo, partes: A, B, C, D; progresivo inverso: D / C+D / B+C+D / A+B+C+D.

- **Analítica progresiva pura**. Consiste en unir ambos tipos, es decir, empezar por la parte más importante de la tarea e ir uniendo progresivamente los demás elementos por orden de importancia. Por ejemplo, partes: A, B, C, D; analítica pura progresiva: C / C+D / B+C+D / A+B+C+D.

c) **Mixta.** Consiste en combinar ambas estrategias, tratando de sacar lo positivo de cada una. Se presenta la tarea siempre de forma global; después se practica una parte analíticamente para terminar volviendo a la estrategia global.

El ejercicio analítico puede desarrollarse, bien programándolo con antelación (por ser la parte más importante), o detectando un error específico y practicándolo a continuación. Por ejemplo el "salto de longitud":

1º.- Practicar el movimiento completo.

2º.- Ejercicios analíticos sobre el talonamiento de la carrera.

3º.- Movimiento completo. (Debe haberse mejorado la parte practicada analíticamente).

1.2.6. EL MÉTODO COMO RECURSO DE ENSEÑANZA.

Los recursos son todos los **elementos** que median para lograr **objetivos** de aprendizaje propuestos en un plan de enseñanza. Por tanto, el concepto de recurso es sumamente extenso y muy abierto a nuevas propuestas, sobre todo las de tipo **multimedia**. Esto se debe a que continuamente crece el número de estímulos del entorno socio-cultural y de aportaciones de la técnica (Cañizares y Carbonero, 2007).

De modo general, en Educación Física destacamos a **cuatro** grupos de recursos (Cañizares y Carbonero, 2007):

- **Espaciales**, que son los sitios necesarios para la acción didáctica: patio, gimnasio, instalaciones municipales, etc.
- **Materiales o didácticos específicos**. Es todo aquel que, no estando construido de obra, ha sido añadido a una instalación para complementarla y equiparla para la práctica de actividad física. Aquí se incluyen los grandes aparatos o "equipamiento deportivo", como el cuadro sueco o espalderas y el material convencional y no convencional que se puede utilizar para la práctica escolar y deportiva, desde colchonetas de seguridad para trabajos de equilibrio a las hojas de un periódico para hacer bolitas y practicar la coordinación óculo-manual, pasando por aros, picas, pelotas, cuadernos, libros y **material**

multimedia, éste de manera muy significativa tiene un enorme **desarrollo potencial** desde los primeros años del **siglo XXI**.

- **Humanos**, constituidos por las personas que intervienen en el proceso de enseñanza-aprendizaje, por ejemplo el alumnado, profesorado habitual, de apoyo o de prácticas, monitores especialistas, etc. En nuestra área las personas debemos disponer de unas equipaciones, calzados, etc. que algunos autores lo suman a los humanos y otros los contemplan como otro apartado clasificatorio: "**recursos personales**". Por ejemplo, zapatillas deportivas, mallas, bañador, útiles de aseo, etc., que debe ser aportado por cada participante.
- **Ambientales**. Son los elementos que conforman el propio **centro** con sus instalaciones y su **medio**. Blández (2005), entre otros, nombra el "*ambiente de aprendizaje*", es decir, el **entorno físico** como lugar del mismo y que debe estar acondicionado para **motivar** a la acción y aprender: calidez, colorido, etc.

El empleo de los recursos no supondrá peligro, serán higiénicos y evitaremos cualquier sesgo sexista. Debemos preverlos con antelación y en número suficiente, así como su limpieza, mantenimiento, distribución y traslado.

2. ADECUACIÓN A LOS PRINCIPIOS METODOLÓGICOS DE LA EDUCACIÓN PRIMARIA.

Hay una serie de aspectos que hacen a la metodología del Área de Educación Física **distinta** de las demás. Por ejemplo, la organización del grupo y de sus movimientos, los recursos, medidas de seguridad, etc. Por otro lado, el feedback es inmediato, el aprendizaje manifiesto, las interacciones muy significativas, etc.

La LOMCE/2013, indica que "*los centros docentes podrán diseñar e implantar métodos pedagógicos y didácticos propios*. Pero también, que "*los organismos educativos podrán "realizar recomendaciones metodología didáctica para los centros docentes de su competencia*".

El anexo II de la O. ECD/65/2015, de 21 de enero, indica que las **metodologías** seleccionadas deben **asegurar** el desarrollo de las **competencias clave** a lo largo de la vida académica:

- Todo **proceso** de enseñanza-aprendizaje debe partir de una **planificación** rigurosa de lo que se pretende conseguir, teniendo claro cuáles son los objetivos, qué **recursos** son necesarios, qué **métodos didácticos** son los más adecuados y cómo se **evalúa** el aprendizaje y se **retroalimenta** el proceso.
- Los métodos didácticos han de elegirse en función de lo **que se sabe** que es óptimo para alcanzar las metas propuestas y según los **condicionantes** en los que tiene lugar la **enseñanza**.
- Las **características** de nuestra materia, el **contexto** sociocultural, los **recursos** que se deben **adaptar** al ritmo individual y las **tipologías** del alumnado, **condicionan** el proceso. El método se debe **ajustar** a estas **circunstancias** con el fin de propiciar un **aprendizaje competencial** en el alumnado.
- Los métodos deben partir de la perspectiva del **docente** como **orientador**, **promotor** y **facilitador** del desarrollo competencial en el alumnado, a través de **situaciones-problema**. Tendrán en cuenta la atención a la **diversidad** y el respeto por prácticas de **trabajo individual y cooperativo**.

- Las metodologías seleccionadas deben **ajustarse** al **nivel** competencial **inicial** de estos, partiendo de aprendizajes simples para avanzar gradualmente hacia otros más complejos.
- El papel del **alumno** debe ser **activo** y **autónomo**, consciente de ser el **responsable** de su aprendizaje.
- Los métodos deberán favorecer la **motivación** por aprender en alumnos y alumnas y que sean capaces de **usar lo aprendido** en distintos contextos dentro y fuera del aula.
- Debemos optar por metodologías **activas** y **contextualizadas**, que faciliten la **participación** e implicación del alumnado y la adquisición y uso de conocimientos en situaciones reales, serán las que generen aprendizajes más **transferibles** y duraderos.
- Las metodologías activas han de apoyarse en estructuras de aprendizaje **cooperativo**, de forma que, a través de la resolución conjunta de las tareas, los miembros del grupo conozcan las estrategias utilizadas por sus compañeros y puedan aplicarlas a situaciones similares.
- Las estrategias **interactivas** son las más adecuadas, al permitir compartir y construir el conocimiento y dinamizar la sesión de clase mediante el intercambio verbal y colectivo de ideas. Las metodologías que contextualizan el aprendizaje y permiten el **aprendizaje por proyectos**, los **centros de interés**, el estudio de casos o el **aprendizaje** basado en **problemas** favorecen la participación activa, la experimentación y un aprendizaje funcional que va a facilitar el desarrollo de las competencias, así como la motivación de los alumnos y alumnas al contribuir decisivamente a la transferibilidad de los aprendizajes.
- El **trabajo por proyectos**, especialmente relevante para el aprendizaje por competencias, se basa en la propuesta de un plan de acción con el que se busca conseguir un determinado resultado práctico. Se favorece un aprendizaje orientado el trabajo en el que se integran varias aéreas o materias: los estudiantes ponen en juego un conjunto amplio de conocimientos, habilidades o destrezas y actitudes personales, es decir, los elementos que integran las distintas competencias. Por ejemplo, recopilar juegos populares de la zona preguntando a mayores.
- El uso del **portfolio** aporta información sobre el aprendizaje, refuerza la evaluación continua y mejora el pensamiento crítico y reflexivo en el alumnado.

La O. de 17/03/2015 sobre el desarrollo del currículo en Andalucía, añade además que las **TIC** formarán parte del uso habitual como instrumento facilitador del currículo. También que la **lectura** constituye un factor fundamental para el desarrollo de las competencias clave, por lo que todas las áreas deben incluir su práctica. En parecidos términos se pronuncia el art. 8 del D. 97/2015, por el que se establece la ordenación y el currículo en Andalucía.

El D. 328/2010, de 13 de julio, por el que se aprueba el Reglamento Orgánico de las escuelas infantiles de segundo grado, de los colegios de educación primaria, de los colegios de educación infantil y primaria, y de los centros públicos específicos de educación especial, BOJA nº 139, de 16/07/2010, en su artículo 8, recoge que uno de los derechos del profesorado es *"emplear los **métodos de enseñanza y aprendizaje** que considere más **adecuados** al nivel de desarrollo, aptitudes y capacidades del alumnado, de conformidad con lo establecido en el proyecto educativo del centro"*.

El **D. 97/2015**, indica en su artículo 8, sobre las "**orientaciones metodológicas**", lo siguiente:

1. La metodología tendrá un carácter fundamentalmente activo, motivador y participativo, partirá de los intereses del alumnado, favorecerá el trabajo individual, cooperativo y el aprendizaje entre iguales y la utilización de enfoques orientados

desde una perspectiva de género, e integrará en todas las áreas referencias a la vida cotidiana y al entorno inmediato.
2. Permitirá la integración de los aprendizajes, poniéndolos en relación con distintos tipos de contenidos y utilizándolos de manera efectiva en diferentes situaciones y contextos.
3. Se orientará al desarrollo de competencias clave, a través de situaciones educativas que posibiliten, fomenten y desarrollen conexiones con las prácticas sociales y culturales de la comunidad.
4. Favorecerá el desarrollo de actividades y tareas relevantes, haciendo uso de recursos y materiales didácticos diversos.
5. Garantizará el funcionamiento de los equipos docentes, con objeto de proporcionar un enfoque interdisciplinar, integrador y holístico al proceso educativo.

La O. 04/11/2015, sobre evaluación, indica que *"las **metodologías** relacionadas con el desarrollo de las **competencias** son **múltiples** y variadas pero todas ellas comparten la necesidad de **apartarse** de la mera **transmisión** de **conocimientos aislados**. Estas metodologías integran los distintos elementos curriculares para hacer posible avanzar al mismo tiempo en el aprendizaje de las áreas y en la adquisición de las competencias".*

Este punto lo abordamos a través de **cuatro epígrafes** que están **interrelacionados**:

a) **Principios básicos a tener en cuenta en la intervención didáctica en Primaria.**

Establecemos unos principios referidos a las formas de intervención educativa en la Etapa Primaria, que resumidos en estos cinco puntos:

- Partir del nivel de desarrollo **global** e **individualizado** del alumnado.
- Construir aprendizajes **significativos y funcionales**.
- Lograr un aprendizaje **autónomo** en un ambiente de **cooperación**.
- Desarrollar y **modificar** las capacidades y los **esquemas de conocimiento**.
- Lograr una actividad intensa **protagonizada** por el **alumnado**.

Por otro lado, no debemos preocuparnos por la eficacia y rapidez en desarrollar las capacidades de niñas y niños de Primaria. Debemos buscar el **equilibrio** entre el proceso de enseñanza-aprendizaje y sus resultados, así como la educación en valores.

Por todo ello y en relación con la intervención didáctica, hay que significar que el profesorado actúa como **mediador**, como guía del proceso de enseñanza-aprendizaje.

La maestra y el maestro especialista en Educación Física, **dinamiza** estimulando, sugiriendo, orientando, valorando y proponiendo las actividades más acordes en función del alumnado.

También debe, entre sus tareas de enseñanza, conocer el punto de partida del alumnado para **individualizar** la enseñanza.

b) **Pautas metodológicas en educación física**.

Establecemos unas orientaciones básicas (Chinchilla y Zagalaz, 2002):

- El planteamiento de la Educación Primaria es integrado, a ello responde la Educación Física con una **interrelación** de contenidos propios con los de otras áreas.

- La progresión en las actividades irá en consonancia con las dificultades de asimilación y comprensión que encuentren los alumnos. **Evitar** alcanzar límites fisiológicos.

- Favorecer la actividad **reflexiva** y cognitiva sobre los conocimientos y las habilidades que se obtienen de la práctica, concediendo al alumnado la capacidad de toma de decisiones y niveles de responsabilidad.

- El alumno tiene una motivación intrínseca hacia el aprendizaje, por lo que debemos favorecerla y aumentarla, desde la actividad y la vivencia personal, y plantear nuevos **retos** que mantengan la predisposición para aprender, buscando la máxima participación.

- Aprovechar al máximo las posibilidades **espaciales** y de uso del **material** para hacer más rica la actividad. Esto favorece un mayor número y dominio de conductas motrices.

- Valorar continuamente el posible **riesgo** físico de algunas actividades para introducir factores de corrección sobre las mismas. Salud también es la mejora morfológica y funcional.

- Valorar y potenciar el **pensamiento creativo**, huyendo de las respuestas estereotipadas.

- Utilizar el juego de forma regular, introduciendo las **modificaciones** precisas según el uso. Para ello, determinar las reglas, los roles, los objetivos básicos del juego y las estrategias.

- Utilizar el elemento competitivo presente en el juego como medio educativo, no como fin primordial del mismo.

- **Motivar** por las consecuciones personales (afán de superación), no por el resultado (competitividad).

c) **Atención a la diversidad**.

"La atención a la diversidad se establece como principio fundamental que debe regir toda la enseñanza básica, con el objetivo de proporcionar a todo el alumnado una educación adecuada a sus características y necesidades." (L. O. E., 2006, modificada por la LOMCE, 2013).

Para dar una respuesta diferenciada a las necesidades individuales hemos de considerar las características, estilos, intereses, expectativas, culturas de origen, formas de resolución de algoritmos y ritmos de aprendizaje, entre otros aspectos que distinguen a todos y cada uno de nuestros alumnos y alumnas de una misma edad y nivel, realizando los oportunos ajustes que a nivel práctico se traducen en:

- **Flexibilización** en normas, tiempos, espacios y agrupamientos, cambios en la metodología, diversificación de las actividades, gradación de los criterios de evaluación, priorización de los contenidos, adaptación de los objetivos, etc.

Siempre que sea posible evitaremos la modificación de objetivos (A.C.I. significativa), ya que la mayoría de las veces se pueden llegar a conseguir éstos cambiando otras variables, principalmente la metodología. En ocasiones es preciso diseñar **actividades de refuerzo** (apoyo) y de **ampliación** (desarrollo). Nuestra propuesta va dirigida a permitir al alumnado, en el mayor grado posible, organizar su propia actividad, participando en la selección de algunos contenidos y en la forma de desarrollarlos en la práctica (O. de 25 de julio de 2008, por la que se regula la atención a la diversidad del alumnado que cursa la educación básica en centros docentes públicos de Andalucía. BOJA nº 167, de 22/08/2008). En este contexto, la intervención docente irá dirigida en el sentido de:

- Presentar **distintas opciones** y proporcionar al alumno la información necesaria, los recursos y materiales que necesite. Esta información debe ser clara, precisa y en conexión con los conocimientos que el alumno ya posee.

- Diseñar situaciones de aprendizaje en las que los alumnos puedan organizar y llevar a la práctica su propia actividad física.

- Supervisar y orientar el trabajo del alumno y de los grupos, proporcionando la ayuda que necesitan y dando un conocimiento de los resultados lo más inmediato posible sobre lo que sucede en el proceso de enseñanza-aprendizaje.

- Crear un **clima de trabajo positivo** en el que las interrelaciones del maestro con los alumnos y de éstos entre sí, sean de colaboración y ayuda mutua, posibilitando que funcione la interdependencia positiva en el trabajo en grupo.

- Conseguir la **máxima participación** motivando a los alumnos hacia el trabajo a realizar.

- Fomentar la **responsabilidad**, tanto en lo que afecta a la realización de un trabajo efectivo, como en lo que respecta a la organización y desarrollo de las sesiones de clase y cuidado del material.

- Potenciar la **reflexión crítica** sobre los factores que inciden en la práctica de actividades físicas, así como sobre las ventajas que les puede proporcionar la adquisición de hábitos perdurables del ejercicio físico.

Dentro del tratamiento a la diversidad nos encontramos cada vez más la "**diversidad de culturas**", que incluye el aspecto **religioso** (Pérez Brunicardi -coord.-, 2004). Todos conocemos que ciertas religiones **no permiten** los **juegos y deportes** donde hay **contacto físico**, por ejemplo el fútbol. Este tipo de diversidad está siendo en los primeros años del siglo XXI muy significativa en nuestro país debido a las personas que proceden de otros países: "*equidad pedagógica en relación a la diversidad*" (Contreras, 2009). El juego motor no entiende, por regla general, de idiomas ni de dogmas y es una fuente importantísima de integración (Gómez, Puig y Maza, 2009). Así pues, la metodología lúdica **integra** a alumnas y alumnos en nuestro contexto (VV. AA., 2001).

d) **Adecuación de los estilos de enseñanza a los contenidos del área.**

No todos los contenidos podemos impartirlos con cualquier estilo. Vemos, de manera resumida, los más adecuados:

- Mando directo modificado
    - Coreografías
- Asignación de tareas
    - Circuitos, actividades en la naturaleza, desarrollo global de las habilidades
- Programas individuales
    - Alumnado con n. e. e.
- Micro enseñanza
    - Iniciación deportiva
- Enseñanza recíproca
    - Iniciación deportiva
    - Condición física-salud
- Resolución de problemas
    - Iniciación deportiva
    - Juegos motores globales, gymkanas.
- Aprendizaje cooperativo
    - Juegos cooperativos
    - Trabajos en grupo: murales, expresión, juego dramático, elaboración de reglamentos, webquest, trabajos de colaboración en red, etc.
- Libre exploración
    - Nuevos materiales. ¿Qué puedes hacer con...?
    - Expresión corporal
    - Juego dramático
- Sinéctica corporal
    - Cuento motor
    - Cuento expresivo

En resumen, para Delgado (1992), los socializadores, individualizadores, participativos, cognitivos y creativos están muy **indicados** para esta etapa. Quizás los tradicionales son los menos recomendables ya que se trata de una enseñanza de tipo directivo, pero que en ocasiones son necesarios.

CONCLUSIONES

En este amplio Tema hemos tratado la metodología a emplear en Educación Física. Hemos podido observar que ésta no es exactamente igual a la del resto de las Áreas, debido a sus especiales características, de ahí que tengamos presente una serie de criterios a la hora de nuestra intervención educativa. También hemos tratado los componentes de la metodología: técnica de enseñanza, estrategia en la práctica, recursos, etc. Todos estos puntos, a su vez, constan de numerosas variantes que enriquecen aún más la metodología específica de nuestra Área. Nos hemos entretenido más en el tratamiento de los estilos de enseñanza debido a la riqueza didáctica existente. No siempre es necesario seguir el mismo estilo, incluso lo podemos combinar en función del cometido previsto.

BIBLIOGRAFÍA

- ANNICCHIARICO, R. (2005). *Manual de didáctica de la Educación Física.* Copy Nino. Santiago de Compostela.
- BAZ, C. (2006). *El aprendizaje cooperativo.* Revista Andalucía Educativa. Nº 57, pp. 27-30. C. E. de la Junta de Andalucía. Sevilla.
- BERNAL, J. A. (2005). *Prevención de lesiones y primeros auxilios en la Educación Física y el Deporte.* Wanceulen. Sevilla.
- BLÁNDEZ, J. (2005). *La utilización del material y del espacio en Educación Física.* INDE. Barcelona.
- BLÁZQUEZ, D.; CAPLLONCH, M.; GONZÁLEZ, C.; LLEIXÁ, T.; (2010). *Didáctica de la Educación Física. Formación del profesorado.* Graó. Barcelona.
- BLÁZQUEZ, D. (coord.) (2016). *Métodos de enseñanza en educación física. Enfoques innovadores para la enseñanza de competencias.* INDE. Barcelona.
- CALDERÓN, A. y otros. (2009). *Formas de organización en educación Física.* Diego Marín (D. M.) Murcia.
- CAÑIZARES, J. Mª y CARBONERO, C. (2007). *Temario de oposiciones de Educación Física para Primaria.* Wanceulen. Sevilla.
- CARRASCO, I. y RINCÓN, J. C. (2009). *60 Fichas de Cooperación.* Wanceulen. Sevilla.
- CHINCHILLA, J. L. y ZAGALAZ, Mª L. (2002). *Didáctica de la Educación Física.* CCS. Madrid.
- CONDE, J. L. (2001). *Cuentos Motores.* Paidotribo. Barcelona.
- CONTRERAS, O. R. (2009). *Intervención intercultural desde la Educación Física.* En ARUFE, V. y otros. (2009). *La Educación Física en la sociedad actual.* Wanceulen. Sevilla.
- CONTRERAS, R. O. (2009). *Los estilos de enseñanza en la recreación. De la teoría a la práctica o de práctica a la teoría.* VII Congreso Internacional Sobre la Enseñanza de la Educación Física y el Deporte Escolar. 3-6 de Noviembre de 2009. Ceuta.
- CURTO, C. y otros. (2009). *Experiencias con éxito de aprendizaje cooperativo en Educación Física.* INDE. Barcelona.
- DELGADO, M. (1992). *Estilos de enseñanza en la Educación Física. Propuestas para una Reforma de la Enseñanza.* I. C. E. de la Universidad de Granada. Granada.
- DELGADO, M. (1993). *Los métodos didácticos en educación física.* En VV.AA. *Fundamentos de Educación Física en Educación Primaria.* INDE. Barcelona.
- DELGADO, M. (1996). *Aplicaciones de los Estilos de Enseñanza a la Educación Física en la Educación Primaria.* En ROMERO, C. y Otros, *Estrategias metodológicas para el aprendizaje de los contenidos de la educación física escolar.* Prometo. Granada.
- DELGADO, M. (2009). *Los estilos de enseñanza en la recreación. De la teoría a la práctica o de la práctica a la teoría.* En J. F. Ruíz, J. J. Checa, y E. Ros (Coord.). *Centro escolar promotor de actividad físico-deportiva-recreativa saludable. Respuesta a problemas de sedentarismo y obesidad.* (pp.207-224). FEADEF y ADEFIS. Ceuta.
- DELGADO, M. A. (2015). *Los estilos de enseñanza de la Educación Física y el Deporte a través de 40 años de vida profesional.* Revista Retos: nuevas tendencias en educación física, deporte y recreación. ISSN 1579-1726, Nº 28, págs. 240-247.
- FERNÁNDEZ GARCÍA, E. -coord.- (2002). *Didáctica de la Educación Física en la Educación Primaria.* Síntesis. Madrid.
- GALLARDO, P. y CAMACHO, J. M. (2008). *Teorías del aprendizaje y práctica docente.* Wanceulen Educación. Sevilla.

- GALERA, A. D. (2001). *Manual de didáctica de la educación física. Una perspectiva constructivista moderada*. Vol. I y II. Paidós. Barcelona.
- GIL MADRONA, P. (2003). *Animación y dinámica de grupos deportivos*. Wanceulen. Sevilla.
- GIL MADRONA, P. (2004). *Metodología de la Educación Física en Educación Infantil*. Wanceulen. Sevilla.
- GIL MORALES, P. A. (2007). *Metodología didáctica de las actividades físicas y deportivas*. Wanceulen. Sevilla.
- GÓMEZ, C.; PUIG, N. y MAZA, G. (2009). *Deporte e integración social*. INDE. Barcelona.
- HIDALGO, P. P. (1997). *Sinéctica corporal*. En ARTEAGA, M., VICIANA, V. y CONDE, J. *Desarrollo de la expresividad corporal*. INDE. Barcelona.
- JONHSON, D.W. y JOHNSON, R.T. (1999). *Aprender juntos y solos. Aprendizaje cooperativo, competitivo e individualista*. Aique. Buenos Aires.
- JOYCE, B.; WEIL, M.; CALHOUN, E. (2002). *Modelos de enseñanza*. Gedisa. Barcelona.
- JUNTA DE ANDALUCÍA (2007). Ley 17/2007, de 10 de diciembre, de Educación de Andalucía (L. E. A.). B. O. J. A. nº 252, de 26/12/07.
- JUNTA DE ANDALUCÍA (2008). *Orden de 25 de julio de 2008, por la que se regula la atención a la diversidad del alumnado que cursa la educación básica en centros docentes públicos de Andalucía*. BOJA nº 167, de 22/08/2008.
- JUNTA DE ANDALUCÍA (2010). *Decreto 328/2010, de 13 de julio, por el que se aprueba el Reglamento Orgánico de las escuelas infantiles de segundo grado, de los colegios de educación primaria, de los colegios de educación infantil y primaria, y de los centros públicos específicos de educación especial*. BOJA nº 139, de 16/07/2010.
- JUNTA DE ANDALUCÍA (2015). *Decreto 97/2015, de 3 de marzo, por el que se establece la ordenación y las enseñanzas correspondientes a la Educación primaria en Andalucía*. B. O. J. A. nº 50, de 13/03/2015.
- JUNTA DE ANDALUCÍA. (2015). *Orden de 17 de marzo de 2015, por la que se desarrolla el currículo correspondiente a la Educación Primaria en Andalucía*. B. O. J. A. nº 60, de 27/03/2015.
- M. E. C. (2006). *Ley Orgánica 2/2006, de 3 de mayo, de Educación (L. O. E.)*. B. O. E. nº 106, de 04/05/2006, modificada por la LOMCE/2013.
- M. E. C. (2015). *Orden ECD/65/2015, de 21 de enero, por la que se describen las relaciones entre las competencias, los contenidos y los criterios de evaluación de la educación primaria, la educación secundaria obligatoria y el bachillerato*. B. O. E. nº 25, de 29/01/2015.
- M. E. C. (2014). *R. D. 126/2014, de 28 de febrero, por el que se establece el currículo básico de la Educación Primaria*.
- MOSSTON, M. (1978). *La enseñanza de la Educación Física. Del comando al descubrimiento*. Paidós. Buenos Aires.
- NAVARRO, V. (2007). *Tendencias actuales de la Educación Física en España. Razones para un cambio*. (1ª y 2ª parte). Revista electrónica INDEREF. Editorial INDE. Barcelona. http://www.inderef.com
- ORLICK, T. (2001). *Libres para cooperar. Libres para crear*. Paidotribo. Barcelona.
- OVEJERO, A. (1990). *El aprendizaje cooperativo. Una alternativa eficaz a la enseñanza tradicional*. P. P. U. Barcelona.
- PÉREZ BRUNICARDI, D.; LÓPEZ PASTOR, V. M.; IGLESIAS, P. (2004). *La atención a la diversidad en Educación Física*. Wanceulen. Sevilla.
- POSADA, F. (2000). *Ideas prácticas para la enseñanza del la Educación Física*. Agonos. Lérida.
- ROMÁN, J. Mª. (2006). *Estrategias y métodos de enseñanza*. Monografías. Revista Tándem, nº 20, pp. 7-22. Graó. Barcelona.

- SÁENZ-LÓPEZ, P. (2002). *La Educación Física y su Didáctica*. Wanceulen. Sevilla.
- SÁNCHEZ BAÑUELOS, F. (1996) *Bases para una Didáctica de la Educación Física y los Deportes*. Gymnos. Madrid.
- SÁNCHEZ BAÑUELOS, F. y FERNÁNDEZ, E. -coords.- (2003). *Didáctica de la Educación Física para Primaria*. Prentice Hall.
- SICILIA, A. (2001). *La investigación de los estilos de enseñanza en la educación física. Un viejo tema para un nuevo siglo*. Wanceulen. Sevilla.
- SICILIA, A. y DELGADO, M. (2002). *Educación Física y Estilos de Enseñanza*. INDE. Barcelona.
- TRIGUEROS, C. (2002). Programa de metodología y Didáctica. En TORRES, J. (director). *Manual del Preparador de Voleibol. Nivel 1*. F. A. de Voleibol. Cádiz.
- VELÁZQUEZ, C. -coord.- (2010). *Aprendizaje cooperativo en Educación Física*. INDE. Barcelona.
- VV. AA. (2001). *Atención a la Diversidad*. Revista "Andalucía Educativa", nº 26, agosto. CEJA. Sevilla.
- ZAGALAZ, Mª L.; CACHÓN, J.; LARA, A. (2014). *Fundamentos de la programación de Educación Física en Primaria*. Síntesis. Madrid.

WEBGRAFÍA (Consulta en septiembre de 2016).

http://www.educaweb.com/noticia/2015/05/27/importancia-buena-metodologia-educacion-fisica-8863/
www.juntadeandalucia.es/educacion/descargasrecursos/curriculo-primaria/index.html
http://recursos.cnice.mec.es/edfisica/
http://www.ite.educacion.es/es/recursos
http://www.agrega2.es
http://www.educarm.es/admin/recursosEducativos#nogo
http://www.catedu.es/webcatedu/index.php/recursosdidacticos
http://www.educa2.madrid.org/educamadrid/servicios
http://www.educa.jccm.es/educa-jccm/cm/recursos
http://www.educa.jcyl.es/profesorado/es/recursos-aula
http://www.adideandalucia.es
http://recursostic.educacion.es/primaria/ludos/web/index.html